・全国社会工作者职业水平考试辅导用书・

社会工作者考试教材精编
shehuigongzuozhe kaoshi jiaocai jingbian

（初级）
(chuji)

社会工作者考试辅导用书编写组　编

中山大学出版社
SUN YAT-SEN UNIVERSITY PRESS
・广州・

版权所有　　翻印必究

图书在版编目（CIP）数据

社会工作者考试教材精编・初级／社会工作者考试辅导用书编写组编．—广州：中山大学出版社，2016.1

ISBN 978-7-306-05470-8

Ⅰ.①社　　Ⅱ.①社　　Ⅲ.①社会工作－中国－水平考试－自学参考资料　Ⅳ.①D632

中国版本图书馆 CIP 数据核字（2015）第 238946 号

出版人：徐　劲
责任编辑：易建鹏
封面设计：张　敏
责任校对：陈俊婵
责任技编：黄少伟
出版发行：中山大学出版社
电　　话：编辑部　020-84111996，84113349，84111997，84110779
　　　　　发行部　020-84111998，84111981，84111160
地　　址：广州市新港西路 135 号
邮　　编：510275　　　　　　传　　真：020-84036565
网　　址：http://www.zsup.com.cn　　E－mail：zdcbs@mail.sysu.edu.cn
印　刷　者：虎彩印艺股份有限公司
规　　格：787 mm×1092 mm　1/16　12.375 印张　335 千字
版次印次：2016 年 1 月第 1 版　2016 年 1 月第 1 次印刷
定　　价：38.00 元

如发现本书因印装质量影响阅读，请与出版社发行部联系调换

前　言

随着我国经济和社会的高速发展，许多社会问题也随之增加。社会工作者，作为职业助人者，遵循助人自助的价值理念，运用个案、小组、社区、行政等专业方法，以帮助他人发挥自身潜能，协调社会关系，解决和预防社会问题，促进社会公正。

为适应社会工作者的考试，社会工作者考试辅导用书编写组严格依照考试大纲编写了《社会工作者考试教材精编·初级》一书，它是一本适合于初级社会工作者职业资格考试的辅导用书。本书主要从考纲要求、考点透析、要点讲解等方面进行编排，包括社会工作实务和社会工作综合能力两部分。第一部分的社会工作综合能力，共有九章，由社会工作的目标、对象及领域，社会工作价值观与专业伦理，人类行为与社会环境，个案工作方法、小组工作方法、社区工作方法，社会工作行政、社会工作研究，社会政策与法规等构成；第二部分的社会工作实务，共有十四章，由社会工作实务的通用过程、儿童社会工作、青少年社会工作、老年社会工作、妇女社会工作、残疾人社会工作等构成。

全书系统化地论述了助理社会工作师考试的重点要点，不仅为考生提供了学习社会工作的基本知识，还起到了普及社会工作专业知识、提升社会工作实务水平的作用。

由于编者水平有限，书中难免存在错漏，恳请广大读者在使用过程中提出宝贵的意见。

本书编者：莫嘉彬

目 录

第一编 社会工作综合能力

第一章 社会工作的目标、对象及主要领域 ········ 3
　　第一节　社会工作的含义与特点 ········ 3
　　第二节　社会工作的目标及功能 ········ 4
　　第三节　社会工作的要素 ········ 5
　　第四节　社会工作的主要领域 ········ 6

第二章 社会工作价值观与专业伦理 ········ 8
　　第一节　社会工作价值观 ········ 8
　　第二节　社会工作专业伦理 ········ 10
　　第三节　社会工作专业伦理守则 ········ 12

第三章 人类行为与社会环境 ········ 14
　　第一节　人类行为 ········ 14
　　第二节　社会环境 ········ 16
　　第三节　人生发展阶段及其主要特征 ········ 20

第四章 个案工作方法 ········ 24
　　第一节　个案工作的主要模式 ········ 24
　　第二节　个案工作各阶段的工作重点 ········ 28
　　第三节　个案工作的常用技巧 ········ 31

第五章 小组工作方法 ········ 35
　　第一节　小组工作的概念、类型与特点 ········ 35
　　第二节　小组工作的模式 ········ 37
　　第三节　小组工作的过程 ········ 38
　　第四节　小组工作技巧 ········ 42

第六章 社区工作方法 ········ 46
　　第一节　社区工作的含义、特点与目标 ········ 46
　　第二节　社区工作的主要模式 ········ 48

第三节　社区工作各阶段的工作重点 ………………………………… 51
  第四节　社区工作的常用技巧 …………………………………………… 54

第七章　社会工作行政 ………………………………………………………… 58
  第一节　社会工作行政的含义与功能 …………………………………… 58
  第二节　社会服务方案策划 ……………………………………………… 59
  第三节　社会服务机构的类型与运作 …………………………………… 61
  第四节　社会服务机构志愿者管理 ……………………………………… 63
  第五节　社会服务机构的筹资方式 ……………………………………… 65
  第六节　社会工作督导的对象和内容 …………………………………… 65

第八章　社会工作研究 ………………………………………………………… 69
  第一节　社会工作研究的含义与功能 …………………………………… 69
  第二节　社会工作研究的范式与过程 …………………………………… 70
  第三节　定量研究方法——问卷调查 …………………………………… 73
  第四节　定性研究方法 …………………………………………………… 74

第九章　社会政策与法规 ……………………………………………………… 77
  第一节　社会政策的目标、功能及其与社会工作的关系 ……………… 77
  第二节　我国特定人群的社会政策法规 ………………………………… 79
  第三节　我国特定领域的社会政策法规 ………………………………… 83

第二编　社会工作实务

第一章　社会工作实务的通用过程 …………………………………………… 93
  第一节　接案 ……………………………………………………………… 93
  第二节　预估 ……………………………………………………………… 95
  第三节　计划 ……………………………………………………………… 96
  第四节　介入 ……………………………………………………………… 97
  第五节　评估 ……………………………………………………………… 98
  第六节　结案 ……………………………………………………………… 99

第二章　儿童社会工作 ………………………………………………………… 101
  第一节　儿童社会工作概述 ……………………………………………… 101
  第二节　儿童社会工作的主要内容 ……………………………………… 102
  第三节　儿童社会工作的主要方法 ……………………………………… 107

第三章　青少年社会工作 ……………………………………… 111
   第一节　青少年社会工作概述 ……………………………… 111
   第二节　青少年社会工作的主要内容 ……………………… 112
   第三节　青少年社会工作的主要方法 ……………………… 112

第四章　老年社会工作 ………………………………………… 116
   第一节　老年人的特点及需要 ……………………………… 116
   第二节　老年社会工作的主要内容 ………………………… 117
   第三节　老年社会工作的主要方法 ………………………… 119

第五章　妇女社会工作 ………………………………………… 122
   第一节　妇女社会工作概述 ………………………………… 122
   第二节　妇女社会工作的主要内容 ………………………… 124
   第三节　妇女社会工作的主要方法 ………………………… 128

第六章　残疾人社会工作 ……………………………………… 130
   第一节　残疾人的特点和需要 ……………………………… 130
   第二节　残疾人社会工作的主要内容 ……………………… 132
   第三节　残疾人社会工作的主要方法 ……………………… 134

第七章　矫正社会工作 ………………………………………… 138
   第一节　矫正社会工作概述 ………………………………… 138
   第二节　矫正社会工作的主要内容 ………………………… 140
   第三节　矫正社会工作的主要方法 ………………………… 142

第八章　优抚安置社会工作 …………………………………… 144
   第一节　优抚安置社会工作概述 …………………………… 144
   第二节　优抚安置社会工作的主要内容 …………………… 146
   第三节　优抚安置社会工作的主要方法 …………………… 148

第九章　社会救助社会工作 …………………………………… 152
   第一节　社会救助社会工作概述 …………………………… 152
   第二节　社会救助社会工作的主要内容 …………………… 154
   第三节　社会救助社会工作的主要方法 …………………… 156

第十章 家庭社会工作 ································ 158
第一节 家庭社会工作概述 ···························· 158
第二节 家庭社会工作的主要内容 ························ 159
第三节 家庭社会工作的主要方法 ························ 161

第十一章 学校社会工作 ······························ 163
第一节 学校社会工作概述 ···························· 163
第二节 学校社会工作的主要内容 ························ 164
第三节 学校社会工作的主要方法 ························ 167

第十二章 社区社会工作 ······························ 169
第一节 社区社会工作概述 ···························· 169
第二节 社区社会工作的主要内容 ························ 170
第三节 社区社会工作的主要方法 ························ 172

第十三章 医务社会工作 ······························ 174
第一节 医务社会工作概述 ···························· 174
第二节 医务社会工作的内容 ··························· 175
第三节 医务社会工作的主要方法 ························ 180

第十四章 企业社会工作 ······························ 184
第一节 企业社会工作概述 ···························· 184
第二节 企业社会工作的主要内容 ························ 185
第三节 企业社会工作的主要方法 ························ 187

参考文献 ······································ 189

第一编

社会工作综合能力

第一章 社会工作的目标、对象及主要领域

本章知识体系

社会工作的目标、对象及主要领域
- 社会工作的含义与特点
  - 什么是社会工作
  - 社会工作的特点
- 社会工作的目标及功能
- 社会工作的要素
  - 社会工作的要素
  - 社会工作者的核心能力
- 社会工作的主要领域
  - 社会工作的对象
  - 社会工作者的知识基础
  - 社会工作者的能力要求

第一节 社会工作的含义与特点

一、什么是社会工作（表1-1-1）

表1-1-1 什么是社会工作

要点	内容
社会工作的含义	社会工作是社会福利制度框架下，在专业价值观指导下，运用专业方法帮助处在困难当中的人或群体走出困境的专业活动
我国对社会工作的理解	①普通社会工作 ②行政性社会工作 ③专业社会工作 十八届三中全会指出要激发社会组织的活力，将适合由社会组织提供的公共服务和解决的事项，交由社会组织负责。这为我国社会工作的发展开辟了新的前景

二、社会工作的特点（表1-1-2）

表1-1-2　社会工作的特点

要　点	内　容
专业助人活动	社会工作与一般的做好事、志愿服务有所不同，是以利他为目的的、服务于困难群体的职业活动
注重专业价值	专业价值观是社会工作的灵魂。社会工作以解决社会问题、增进人民福利为自己的责任，追求社会公正与进步
强调专业方法	社会工作者从事的常是复杂的助人服务，需要专门的、训练有素的方法和技巧。包括：个案工作、小组工作、社区工作、社会工作行政等
注重实践	社会工作是以实践为基础的职业。这不仅要求从业人员要有理论联系实践的能力，还要有足够的应变能力
互动合作	社会工作者应该邀请服务对象共同参与处理问题的工作，方能实现"助人自助"
多方协同	社会工作需要动用多个方面的资源来协助服务对象解决问题，而并不是社会工作者独自作业

第二节　社会工作的目标及功能

社会工作的目标及功能（表1-1-3）

表1-1-3　社会工作的目标及功能

要　点		内　容
社会工作的目标	服务对象层面的目标	①解救危难 ②缓解困难 ③促进发展 ④激发潜能
	社会层面的目标	①解决社会问题 ②促进社会公正
	文化层面的目标	①弘扬人道主义 ②促进社会团结
社会工作的功能	功能的基本类型	根据功能使用导致的结果，可分为正功能和负功能
	对于服务对象的功能	①促进服务对象恢复正常生活状态 ②恢复弱化的功能 ③促进服务对象的发展 ④促进人与社会环境的相互适应

(续表1-1-3)

要点	内容	
社会工作的功能	对于社会的功能	①维持社会秩序 ②构建社会资本 ③促进社会和谐 ④推动社会进步

第三节 社会工作的要素

一、社会工作的要素（表1-1-4）

表1-1-4 社会工作的要素

要点	内容	
服务对象	也称为受助者、案主或工作对象，服务对象可以是个人、家庭、群体或社区	
社会工作者	社会工作者是接受专业教育或培训，在团队、机构的直接支持下从事职业化社会服务的人。有如下角色：	
	直接服务角色	①服务提供者：提供心理辅导、物质帮助、劳务服务和政策信息等服务 ②治疗者：对有困难、有问题的社会成员所处的困境进行诊断和治疗 ③支持者：对服务对象提供鼓励、激发能力和信心 ④关系协调者：帮助服务对象改善和协调人际关系和社会关系 ⑤倡导者：向服务对象倡导合理的行为，并指导其事实
	间接服务角色	①行政管理者：控制社会服务的过程，科学管理社会工作，设计合适的社会工作方案 ②资源筹措者：为服务对象筹措物资、劳务服务或福利基金等 ③政策影响者：向政府建议提议，参与政府政策制定、修订和完善等
	合并角色	合并角色是指综合了多种功能的角色，这种角色包含直接服务也同时兼有间接服务，而且包含不同角色中的相互连带的关系。在实际的工作中，社会工作者的角色都具有一定的综合性
社会工作价值观	社会工作价值观是利他主义，价值观是社会工作的灵魂	
专业助人方法	专业助人方法是社会工作的核心组成部分，主要有个案工作、小组工作、社区工作等几种	

(续表1-1-4)

要　点	内　容
助人活动	助人活动是社会工作最核心的部分，它将受助者的需要与社会工作者的服务连接起来

二、社会工作者的核心能力

（1）沟通与建立关系的能力。
（2）促进和使能的能力。
（3）评估和计划的能力。
（4）提供服务和干预的能力。
（5）在组织中工作的能力。

第四节　社会工作的主要领域

社会工作的对象（表1-1-5）

表1-1-5　社会工作的对象

要　点	内　容
儿童及青少年社会工作	儿童及青少年社会工作是指对幼儿、少年和青年的专业社会服务，是为了促进他们健康成长而提供的福利服务 儿童及青少年社会工作在保护儿童权益和促进其健康成长方面发挥着日益重要的作用
老年社会工作	老年社会工作是运用社会工作理念和方法帮助老年人解决其面临的问题的社会服务 我国有促进老有所养、老有所依、老有所学、老有所为、老有所乐的相关政策，这些政策的实施和落实需要社会工作者的参与和介入
妇女社会工作	妇女社会工作是针对妇女的需要、为促进女性的正常生活和发展而开展的专业社会服务
残疾人社会工作	残疾人社会工作是面向残障人士而开展的，目的是增强和恢复他们的生理学功能和社会功能 ①人的残障分为肢体残障和智力残障 ②肢体残障是人的生理构造残缺或失去功能的状态 ③智力残障是人的智能和精神方面发育不足或受损而不能发挥正常功能的状态
矫治社会工作	矫治社会工作是对犯罪者在服刑、缓刑和假释期间，为了让其重新融入社会而提供的思想教育、心理治疗、行为纠正、生活福利和亲属照顾等方面服务的一种社会工作

(续表1-1-5)

要　点	内　　容
优抚安置 社会工作	优抚安置社会工作是在优抚安置领域综合运用社会工作的专业理论知识、实践技巧和方法，帮助、协调优抚安置服务对象及其相关人员和系统，整合社会资源，协调社会关系，预防和解决面临的问题，恢复和改善其社会功能，改善优抚安置对象的生活，促进其更好地适应社会的一种社会服务
社会救助 社会工作	社会救助是对基本生活陷入困境者的救助。以保障当事人的生命安全和基本权利为目标 政府承担责任社会救助的主要责任。社会救助是社会福利制度的最基本的部分
家庭社会工作	家庭社会工作是指因社会或家庭成员的原因导致正常家庭陷入困境时，以协调家庭成员之间、家庭与环境之间的关系，帮助恢复家庭的正常生活及其功能为目的的专业服务
学校社会工作	学校社会工作是指主要以帮助学生正常学习和健康成长为目的的专业服务 学校社会工作主要有三种模式：治疗型学校社会工作、变迁型学校社会工作和社区—学校社会工作
社区社会工作	社区社会工作是通过社会工作的理论、技巧和方法解决社区的问题，促进社区发展的专业服务
医务社会工作	医务社会工作是在医疗、卫生、保健领域进行的社会工作。除此之外，与医疗事务相关的、主要在医疗机构内从事的社会工作也属于医务社会工作 医务社会工作是在医患关系这种特殊的人际关系下的社会工作
企业社会工作	在企业中开展的面向劳工群体的保障权益和处理劳资关系的社会工作专业服务

第二章 社会工作价值观与专业伦理

本章知识体系

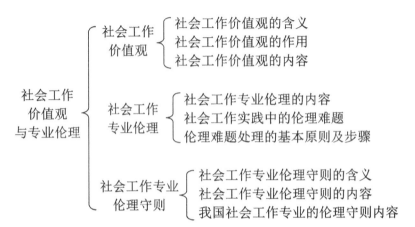

第一节 社会工作价值观

一、社会工作价值观的含义

社会工作价值观是指一整套用以支撑社会工作者进行专业实践的哲学信念。

社会工作价值观是社会工作实践的灵魂和社会工作者的精神动力。作为一种专业价值观,它的基础是社会主流价值和社会工作专业的独特追求。社会工作价值观以人道主义为基础,充分体现了热爱人类、服务人类、促进公平、维护正义和改善人类与社会环境关系的理想追求,激励和指导着社会工作者的具体工作。

二、社会工作价值观的作用

社会工作价值观的作用主要体现在以下的五个方面:
(1) 保护服务对象权益。
(2) 帮助社会工作者解决伦理难题。
(3) 促进专业的健康发展。
(4) 促进社会服务机构的能力建设。
(5) 维护社会正义。

三、社会工作价值观的内容（表1-2-1）

社会工作起源于西方，目前在大多数西方国家已经达到比较成熟的水平，社会工作价值观也比较稳定。

表1-2-1　社会工作价值观的内容

要　点	内　容
戈登的社会工作价值体系	①个人应该受到社会的关怀 ②个人与社会是相互依赖的 ③每个人对他人都负有社会责任 ④每个人除了具有人类共同的需要外，每个人也是独特而异于他人的 ⑤民主社会的基本特质，在于每个人的潜能都能充分实现，同时也意味着个人应当通过社会参与而尽到其社会责任 ⑥社会有责任提供途径以消除自我实现的障碍，以便个人的自我实现得以完成
比斯台克的社会工作价值体系	①人的潜能 ②人的责任 ③人的权利 ④人的需要 ⑤人的社会功能 ⑥社会的责任 ⑦社会的权利 ⑧个人对社会的责任 ⑨人的自我抉择权
国际社会工作界定义的社会工作价值观	①服务大众：社会工作者应当超越个人利益为他人提供专业服务，强调的是实践形式 ②践行社会公正：社会工作者追求社会变革，特别是与弱势群体一起努力，并代表他们寻求社会变革，强调的是实践目标 ③强调服务对象个人的尊严和价值：社会工作者对个人都给予关心和尊重，意识到个体的差异和文化及种族上的多元性，强调的是实践中的具体差异 ④注重服务中人类关系的重要性：社会工作者认识到人类关系和群体内部关系是重要的变革工具，强调的是实践工具 ⑤待人真诚和守信：社会工作者始终意识到专业的使命、价值观、伦理原则和伦理标准，并用与之相适应的方式开展实际工作，强调的是实践中的行为准则 ⑥注重能力培养和再学习：社会工作者不断致力于增进专业知识和技能，并将它们运用到实际工作中，强调的是实践者的专业要求
在操作层面	社会工作价值观可以概括为以下的六项原则：接纳、尊重、个别化、自决权和知情同意、保密、不批判

第二节 社会工作专业伦理

一、社会工作专业伦理的内容（表1-2-2）

表1-2-2 社会工作专业伦理的内容

要点	内容
社会工作专业伦理的含义	社会工作是一种道德实践，不可避免涉及伦理问题 社会工作专业伦理是指社会工作在实践过程中所包含的特定的价值观和信念。由社会工作专业价值观所形成的职业伦理是一整套指导从事社会工作专业的工作人员正确履行责任和义务，并预防道德风险的行为规范
社会工作专业伦理的主要内容	**工作中对服务对象的伦理责任**：在社会工作中应该注意对服务对象在伦理关系上的处理，包括对服务对象的义务、自我决定、知情同意、利益冲突、隐私和保密等 **工作中对同事的伦理责任**：和同事共同工作的时候注意的伦理应该包括尊重、保密、合作、咨询、服务转介等 **工作中对服务机构的伦理责任**：在工作中对于机构需要注意的伦理关系处理主要包括督导和辅导、教育和培训、服务对象档案管理、服务对象的转介、行政管理等方面 **社会工作者作为专业人员的伦理责任**：作为专业人员要注重自己要有足够的实践能力完成工作，有对自身的道德要求等 **对社会工作专业的伦理责任**：对于工作实践，社会工作者需要对职业行为负伦理责任，包括保障专业的完整性，遵循专业的评估和研究等 **社会工作者对全社会的伦理责任**：社会工作者作为社会中特别的一分子，对于社会也有一定的伦理责任，包括熟悉社会福利、鼓励公众参与、尽能力处理公共紧急事件、发起社会行动等

二、社会工作实践中的伦理难题（表1-2-3）

表1-2-3 社会工作实践中的伦理难题

要点	内容
概述	在社会工作的专业实践中，社会工作者面对着具体的个案、不同的服务对象以及不同的伦理情景都应以专业伦理作为指引，从而做出决定，并达到正确、妥当和尽可能避免伤害，更好地实现"助人自助"
伦理难题含义	社会工作中的伦理难题是指社会工作者在工作实践中除了资源本身的缺乏和体制、政策的限制外，还涉及伦理原则自身的互相制约 伦理难题本质上是价值多元性和矛盾性的结果，也是社会工作实践中责任与义务之间冲突的具体表现

(续表1-2-3)

要点	内 容
社会工作实践中面临的伦理难题	在实践中，社会工作者面临的主要伦理难题有： ①保密问题 ②人情与法制及规定的冲突问题 ③价值介入与客观性的矛盾 ④社会工作者的个人利益满足与职业的社会责任之间的冲突 ⑤自我决定问题

三、伦理难题处理的基本原则及步骤（表1-2-4）

表1-2-4　伦理难题处理的基本原则及步骤

要点		内 容
伦理难题的基本处理原则		在社会工作的实践过程中，遇到伦理难题时，必须做出价值观和伦理顺序的优先性安排。处理伦理难题的基本原则有以下七点
	保护生命原则	在社会工作实践中，保护生命原则高于其他所有的伦理原则
	差别平等原则	不仅要以平等的方式对待不同的服务对象，也要注重服务对象间的个体差异
	自由自主原则	应充分保障服务对象的自由和自主，以提升服务对象的动能性和参与能力
	最小伤害原则	应尽量保护服务对象的权益不受到侵害，尽可能实现其利益最大化
	生命质量原则	社会工作者应致力于通过专业服务来提升服务对象的生活质量
	隐私保密原则	社会工作者应在提供服务的各个环节，始终遵守保护服务对象的个人隐私和相关信息的承诺，以保护服务对象的个人权益
	真诚原则	社会工作者应坦诚对待服务对象，适当地展示自我，与服务对象建立互信的关系
处理伦理难题的一般步骤		①识别案件的伦理问题，如社会工作者自身的价值观、责任和义务 ②分析伦理决定受影响的因素的具体情况 ③认识伦理行动的利益和风险及与行动参与者的关系 ④知晓伦理决定相关参与者做出决策的理由 ⑤向同事和专家进行咨询 ⑥做出伦理决定并记录 ⑦对伦理决定进行监督和评估

第三节 社会工作专业伦理守则

一、社会工作专业伦理守则的含义

社会工作专业范围内的伦理守则，主要是指通过专业价值观和专业共同体制定出的伦理守则来约束社会工作者正确处理实践中的价值观问题。它清晰地告诉社会工作者"应该做什么""不应该做什么"。

二、社会工作专业伦理守则的内容（表 1-2-5）

表 1-2-5 社会工作专业伦理守则的内容

要　点		内　容
社会工作伦理守则的基本内容		①服务 ②社会正义 ③人的尊严和价值 ④人类关系的重要性 ⑤正直 ⑥能力
社会工作专业伦理守则的国际惯例	社会工作者的态度和行为	对待服务对象：做到关爱、有同理心和非批判 对待同事：共同协作，完成工作 对待社会服务机构：做到表里如一，维护机构的立场和利益 对待社会：努力促进社会福祉的发展
	社会工作者对服务对象的伦理责任	①对服务对象的承诺和责任 ②自我决定 ③知情同意 ④能力 ⑤文化敏感性和多样性 ⑥隐私和保密性
	社会工作者对同事的伦理责任	①尊重 ②保密性 ③合作 ④利益冲突与争议的处置 ⑤咨询 ⑥教育与培训 ⑦服务转介
	社会工作者对专业的伦理责任	社会工作者应不断地学习和实践，努力推进专业的发展，不断完善专业服务水平，从而改善社会福利和提高服务水平 主要着重于两大方面： ①注重专业的品性 ②加强专业评估与研究

（续表1-2-5）

要　点	内　容	
社会工作专业伦理守则的国际惯例	社会工作者对机构的伦理责任	①维护机构的政策与立场 ②妥善保管机构的相关资料和信息 ③妥善使用和保存机构的文字信息和相关资料 ④促进机构与政府及其他机构的合作 ⑤协调服务对象与机构的关系
	社会工作者对社会的伦理责任	①促进社会福利的发展 ②促进公共参与 ③在公共危机情况下提供介入与救助措施 ④通过社会和政治行动减少不平等、反对歧视、促进社会正义

三、我国社会工作专业的伦理守则内容（表1-2-6）

表1-2-6　我国社会工作专业的伦理守则内容

要　点	内　容
社会工作专业伦理制定的原则	①现实需要和未来发展相结合 ②本土社会工作的伦理实践与国际社会工作专业伦理规则相结合 ③专业实践与政治实践互不冲突
社会工作者职业道德指引的主要内容	①尊重服务对象，全心全意服务 ②信任支持同事，促进共同成长 ③践行专业使命，促进机构发展 ④提升专业能力，维护专业形象 ⑤勇担社会责任，增进社会福祉
社会工作专业伦理守则的内容	社会工作专业伦理守则，是一套指导专业人员从事专业活动的道德指引，它的建立与发展是同该专业的发展联系在一起的 主要有十二个方面的内容： ①尊重受助者利益 ②严守受助者秘密 ③公平服务大众 ④重视同僚工作 ⑤恪守公私界限 ⑥维护社会正义 ⑦信任并且遵守机构政策 ⑧进修社会工作知识与能力 ⑨促进专业发展 ⑩约束不良行为 ⑪增进公共福利 ⑫共同遵守守则

第三章 人类行为与社会环境

本章知识体系

人类行为与社会环境
- 人类行为
  - 人类需要的层次和类型
  - 人类行为的类型和特点
- 社会环境
  - 社会环境的含义和特点
  - 社会环境的主要构成要素
  - 人类行为与社会环境的基本关系
- 人生发展阶段及其主要特征
  - 人生发展各阶段的生理、心理及社会发展特征
  - 人生发展各阶段面临的主要问题

第一节 人类行为

一、人类需要的层次和类型（表1-3-1）

表1-3-1 人类需要的层次和类型

要点	内容		
人类需要的层次	马斯洛的需要层次论	五个层次	①生理 ②安全 ③爱与归属 ④尊重 ⑤自我实现
		特点	第一层和第二层是低级需要，第三、第四、第五层是高级需要。高级需要只有在低级需要被满足后才会产生。高级需要出现之后，低级需要仍然存在，但对个体行为的影响减弱了
	阿尔德弗尔的ERG理论	需要层次	①生存需要：关系到机体生存的需要，包括对衣、食、住、行等基本的物质需要 ②关系需要：发展人际关系的需要，是通过与身边其他人的接触和交往得到满足的 ③成长需要：个人发展与自我完善的需要，是通过发展个人才能和发掘个人潜力而得到满足的

(续表1-3-1)

要点	内容	
人类需要的层次	阿尔德弗尔的ERG理论	特点	①不强调需要层次的顺序，认为某种需要在一定时间内对行为起作用，而当这种需要得到满足后，可能去追求更高层次的需要，也可能没有这种上升趋势 ②当较高级需要受到挫折时，可能会降而求其次 ③某种需要在得到基本满足后，其强烈程度不仅不会减弱，还可能会增强
	莱恩·多亚尔和伊恩·高夫的需求理论	①基本需要：包括身体健康和自主两方面 ②中介需要：能够促进身体健康和人们自主的产品、服务、活动和关系的特性
人类需要的类型	①生理上的需要和社会性需要 ②物质需要和精神需要 ③生存性需要和发展性需要	

二、人类行为的类型和特点

（一）人类行为的含义

德国社会心理学家勒温在1951年提出著名的人类行为公式：

$B = f(P, E)$

表达了人类行为的基本原理，其中：

B——行为（behavior）

P——个性或人格（personality）

E——环境（environment）

（二）人类行为的类型（表1-3-2）

表1-3-2　人类行为的类型

分类依据	内容	
行为的起源	本能行为	来自于遗传，不需要学习就能获得
	习得行为	在后天与环境的互动中学习而形成
行为的社会性质	亲社会行为	积极的社会行为，包括助人、遵守社会规范、公共参与
	反社会行为	与亲社会行为相对，包括暴力行为、侵犯或攻击行为、破坏社会秩序等
行为是否符合正常模式和社会规范	可以划分为正常行为和偏差行为 划分的标准有统计学标准、社会规范与价值标准、行为适应性标准、个体主观体验等，但是这些标准并不是绝对的，它会随着社会的变迁、认识的深入而变化	

（三）人类行为的特点和影响人类行为的因素（表1-3-3）

表1-3-3　人类行为的特点和影响人类行为的因素

要　点	内　　容
人类行为的特点	①适应性 ②多样性 ③发展性 ④可控性 ⑤整合性
影响人类行为的因素	①生理因素：人类行为受到个体的生理制约 ②心理因素：个人认知、情绪、意志等心理过程和人格、兴趣爱好、需求等心理特点 ③社会因素：社会环境的影响，包括家庭、群体、社区、文化、社会制度等

第二节　社会环境

一、社会环境的含义和特点（表1-3-4）

表1-3-4　社会环境的含义和特点

要　点	内　　容
含　义	社会环境是指与人类生存相关的社会因素，以及与人类生物遗传、心理状态相互作用而形成的社会系统 社会环境是一个极其庞大而又复杂的系统，包括人造物质环境和纯社会环境。后者主要由家庭、群体、学校、社区、政府、文化等子系统所构成
特　点	①多样性 ②复杂性 ③层次性 ④稳定性 ⑤变动性

二、社会环境的主要构成要素

（一）家庭（表1-3-5）

表1-3-5　家　庭

要　点	内　　容
概　述	家庭是社会最基本的单位，是人最原始、最基本的环境，是人接触社会生活的基础

（续表1-3-5）

要点		内容
家庭的类型	核心家庭	父母与未婚子女组成的家庭类型，家庭规模小，是现代社会最主要的家庭模式
	主干家庭	父母与一对已婚子女同住的家庭，主干家庭是核心家庭在纵向的延伸
	联合家庭	父母与多对已婚子女同住的家庭，容易产生家庭矛盾
	单亲家庭	父母一方与未婚子女共同生活的家庭
	丁克家庭	夫妻双方有收入但没有孩子的家庭
	单身家庭	一个人单独生活的家庭
	失独家庭	失去独生子女的家庭
	空巢家庭	父母双方共同生活，儿女出外上学或者工作不与父母共同生活的家庭
家庭教养模式	家庭对子女的管教形式，可以分为以下六大类型	
	娇纵型	父母盲目溺爱，疏于管束，从而导致孩子自我中心、"小霸王"、反社会人格
	支配型	父母既过分溺爱，又严加管束，从而导致孩子怯懦、意志薄弱、清高孤傲
	专制型	父母粗暴管理，缺少爱心和耐心，从而导致孩子自卑、消极、暴躁、依赖他人
	放任型	父母缺少爱心、耐心，缺乏责任感，从而导致孩子缺乏自信、自制力差、无责任感
	冲突型	家庭成员关系紧张，价值导向不一致，从而导致孩子缺乏安全感、意志薄弱、激烈的反抗性
	民主型	互相尊重、平等交流、既有约束又有鼓励，从而培养孩子自尊自信自律、富创造性以及较强的社交能力
家庭的功能	情感支持	家庭成员之间共同生活，频繁交流，彼此分担压力，获得情感慰藉
	性爱满足	法律和习俗认可家庭是性爱场所，家庭中的性爱一方面满足爱的排他性，另一方面防止性需要引起社会问题
	繁衍后代	家庭通过双系抚育、确立婚姻、夫妇配合来实现后代的繁衍
	社会化	家庭是成员社会化的重要场所，孩子在家庭中学习社会角色
	经济功能	家庭可以作为经营生产和消费的单位发挥作用

(二)同辈群体(表1-3-6)

表1-3-6 同辈群体

要点		内容
含义		同辈群体是一群规模较小,年龄、性别、志趣、职业、社会地位及行为方式大体相近的个体组成的非正式群体
特点	平等性	同辈群体年龄、知识、能力方面较为相近,所以地位基本平等
	开放性	同辈群体内部没有严格的规章制度,互相交流没有限制
	认同性	同辈群体是成员选择的结果,成员对群体归属感和认同感强,成员互相依赖
	独特性	每个同辈群体都有独特的亚文化,群体为成员提供新的价值标准和行为方式
对个体行为的影响		①直接影响着个体的认知发展、行为塑造、情绪表达、精神追求及个体的支持系统 ②伴随个体的成长,朋辈群体在不同社会系统中扮演着不同的角色 ③朋辈群体具有自己的价值标准,当该价值标准与社会主流价值标准一致时,会有利于群体成员形成积极的行为,否则有消极影响

(三)学校(表1-3-7)

表1-3-7 学校

要点		内容
含义		学校是个体社会化的重要场所,是专门对社会成员,尤其是儿童和青少年进行系统教育的组织机构,是培养人才的社会组织
类型		①根据学校的办学资金来源不同,分为公办学校和民办学校 ②根据教育层次不同,分为小学、中学和大学
对人类行为的影响	校园文化	培养学生的责任感和主人翁意识,培养集体观念和协作精神,约束学生行为,培养良好习惯,促进学生发展
	班级规模	班级规模较大,教师难以关注到学生的具体情况,一般学习氛围差;小班教学能做到差别化指导,因材施教,教学质量较好
	教学模式	应试教育以考试为中心,对学生教育缺乏个性,学生压力大,影响全面发展;素质教育在传授知识和技能的基础上强调全面发挥个体能力和个性
	师生关系	师生关系影响学生对学校的情感、参与活动的积极性、发展出适合社会文化的良好品格的可能性

(四)工作单位(表1-3-8)

表1-3-8 工作单位

要点	内容
含义	工作单位是个体在社会中从事某一职业时所归属的正式社会组织,个体可以从工作单位中得到经济收入、社会地位、成就感、人际关系等
类型	按照工作性质分为:国家机关、事业单位、企业单位和社会组织

（续表1-3-8）

要点	内容
对人类行为的影响	①个体在工作单位就业的过程中，学习专门的职业知识、技能和道德规范 ②工作单位指导个人建立各种社会关系，正确调适自我行为，以适应相应的工作需求与社会需求

（五）社区（表1-3-9）

表1-3-9 社 区

要点		内容
含义		社区是指聚居在一定地域范围内的人们所组成的社会生活共同体
类型	地域性社区和功能（精神）性社区	地域性社区：聚居在一定区域的社会生活共同体，包括农村社区和城市社区 功能（精神）性社区：由有共同目标或共同利害关系的人组成的社会组织，发挥社区所发挥的功能性特征
	农村社区和城市社区	农村社区：以务农作为谋生手段的地域性社区，人口密度低，同质性强，经济活动简单，受传统风俗影响较大，血缘和家庭在生活中有重要作用 城市社区：由从事非农业活动的成员组成的地域性社区，人口集中，异质性强，群体和组织结构复杂，家庭规模小、血缘关系淡化
	传统社区和现代社区	传统社区：生产方式以人力和畜力为主，生活节奏缓慢的前资本主义生产、生活方式的社区 现代社区：城乡一体化、生活节奏快、交通发达的现代化社区
对人类行为的影响		①社区成员具有某些共同特征，如相似的经济地位、生活方式和风俗习惯等 ②社区成员间的交往关系，影响着彼此的行为模式 ③具有自身的社会规范，对社区成员具有约束作用 ④社区成员对社区的归属感和认同感也会影响社区成员的行为

（六）文化（表1-3-10）

表1-3-10 文 化

要点		内容
含义		文化是人类创造的物质产品和精神产品的总称，主要包括物质技术、社会规范、精神体系 文化对人类行为的影响主要通过确立行为标准，从而达到规范、控制人的行为的目的。个体行为深受其所认同的文化中的行为模式的影响
类型	主流文化和亚文化	主流文化：指社会中大多数成员接受并且占据主导地位的文化 亚文化：被社会中部分成员或者某个组织所接受的文化
	传统文化和现代文化	传统文化：一个民族在历史上创造的物质、思想和观念的总和 现代文化：工业社会以来产生的文化
	物质文化和非物质文化	物质文化：经过人类加工、创造的物品 非物质文化：人类创造的思想、观念、制度和规范等精神产品

(续表1-3-10)

要　点	内　容
对人类行为的影响	文化为人类行为提供行为标准，规范了行为。个体的行为深受其所处的社会环境中的文化因素的影响

（七）大众传媒（表1-3-11）

表1-3-11　大众传媒

要　点	内　容
含　义	大众传媒主要是指广播、电视、报纸、杂志、互联网等处于传播者和大众之间的媒介体
类　型	根据信息技术的含量，传媒分为旧传媒和新传媒 旧传媒包括印刷传媒和电子传媒，如报纸、杂志、书籍、广播、电视等 新传媒包括有线电视、电脑报刊、互联网、卫星电视等
对人类行为的影响	大众传媒在为受众提供信息的同时，也把自身的观念传播给受众，从而对受众的观念和行为产生一定的影响，主要表现为： ①为受众提供支持其立场、观点和行为的有关信息，增强固有观念和行为 ②重复传播信息，直接改变受众的行为 ③使大众改变原有立场

三、人类行为与社会环境的基本关系

人类行为和社会环境相互影响，主要包括以下五个方面：
（1）个体必须适应环境。
（2）社会环境影响个人行为。
（3）人类的行为受到社会环境和个体生物遗传的共同影响。
（4）人类能够改变社会环境。
（5）人类行为与社会环境关系的非平衡性，社会环境对人类行为的影响更大一些。

第三节　人生发展阶段及其主要特征

一、人生发展各阶段的生理、心理及社会发展特征

（一）婴幼儿阶段（从出生到3岁左右）（表1-3-12）

表1-3-12　婴幼儿阶段（从出生到3岁左右）

要　点		内　容
婴幼儿阶段的主要特征	生理发展	身体、大脑发育迅速，也是动作发展最为迅速的时期，独立行走以及用手操作物体的能力都在此期间逐步学习和掌握
	心理发展	①婴幼儿记忆以无意识记忆为主，机械记忆能力较发达，婴幼儿后期开始出现意识记忆的萌芽

（续表1-3-12）

要　点		内　容
婴幼儿阶段的主要特征	心理发展	②婴幼儿的思维随着个体的发展而发展，该时期是个体从直观行动思维转向具体形象思维的关键阶段 ③婴幼儿时期的个体语言发展迅速，2岁左右的孩子能说出符合语法规则的复合句
	社会性发展	（1）社会化三个阶段： ①出生至6个月：单纯社会化反应阶段 ②7个月至2周岁：社会性感情联结建立阶段 ③2～3周岁：伙伴关系的发展阶段 （2）自我意识三阶段：游戏伙伴-退缩-自我意识 （3）依恋的出现
婴幼儿阶段面临的主要问题		①哺乳问题 ②母爱剥夺 ③弃婴问题

（二）学龄前阶段（3～6岁）（表1-3-13）

表1-3-13　学龄前阶段（3～6岁）

要　点		内　容
学龄前阶段的主要特征	生理发展	3～6岁儿童的大肌肉逐渐发育成熟，能控制自己的身体，使其获得胜任感和独立感 智力发展迅速，到6～7岁儿童的脑重量已经接近成年人的水平
	心理发展	语言与思维发展迅速，能够正确掌握本土语言，开始形成内部语言，开始掌握书面语言
	社会性发展	①从以自我为中心，到学会区别自我与他人 ②能通过外表来区别性别，性别认同逐渐形成 ③意识和道德得到发展 ④社会交往的范围扩大，从家庭为主扩大到整个社会
学龄前阶段面临的主要问题		挑食偏食、攻击行为、电视依赖、自闭症

（三）学龄阶段（表1-3-14）

表1-3-14　学　龄　阶　段

要　点		内　容
学龄阶段的主要特征	生理发展	①个体各器官和机能都得到进一步的发展 ②通过学校教育和日常生活，各方面技能都有所发展 ③动作能完整地掌握，并更加熟练和协调

(续表1-3-14)

要点		内容
学龄阶段的主要特征	心理发展	①语言发展：在口头表达、书面语言、内部语言有更大的提高，能够不出声地思考问题 ②稳定性、范围、分配力、转移能力都在逐渐增强
	社会性发展	儿童个体通过在校学习，对社会环境的适应性逐渐增强，其自我意识、道德和社会交往都得到进一步的发展
学龄阶段面临的主要问题		儿童意外伤害、校园欺负、儿童性伤害

（四）青少年阶段（12～18岁）（表1-3-15）

表1-3-15　青少年阶段（12～18岁）

要点		内容
青少年阶段的主要特征	生理发展	①个体各种生理机能在该阶段得到进一步增强 ②生殖系统基本发育成熟，第二性征出现，具备生育能力
	心理发展	①情绪发展的两极性 ②随着生理的发展，性意识也开始发展 ③抽象逻辑思维发展的成熟期和关键期
	社会性发展	青少年自我意识、道德观和社会交往进一步发展
青少年阶段面临的主要问题		网络成瘾、青少年犯罪、青少年性行为

（五）青年阶段（18～35岁）（表1-3-16）

表1-3-16　青年阶段（18～35岁）

要点		内容
青年阶段的主要特征	生理发展	生理发展稳定，是生理发展的"黄金时期"
	心理发展	各方面的心理机能均达到成熟水平
	社会性发展	①已经形成稳定和成熟的人生观 ②需要获得亲密关系 ③适应新的环境和角色
青年阶段面临的主要问题		就业问题、性别歧视问题、婚恋问题

（六）中年阶段（35～60岁）（表1-3-17）

表1-3-17　中年阶段（35～60岁）

要点		内容
中年阶段的主要特征	生理发展	各种生理机能不断发生变化
	认知和心理发展	情绪、智力发展成熟，善于处理人际关系
	社会性发展	情感深沉稳定，婚姻更加务实，处于事业关键期

(续表1-3-17)

要　点	内　容
中年阶段面临的主要问题	早衰综合征、更年期综合征、婚外恋、家庭暴力

（七）老年阶段（60岁～死亡）（表1-3-18）

表1-3-18　老年阶段（60岁～死亡）

要　点		内　容
老年阶段的主要特征	生理发展	生理功能下降，各类老年疾病开始出现
	心理发展	开始出现智力衰退，但仍有创造性思维，七八十岁后出现明显的衰退趋势
	社会性发展	经历退休、儿女离家、丧偶、丧亲等重大人生事件
老年阶段面临的主要问题	①失智和失能 ②精神健康问题 ③死亡问题 ④老年歧视和被虐待	

第四章 个案工作方法

本章知识体系

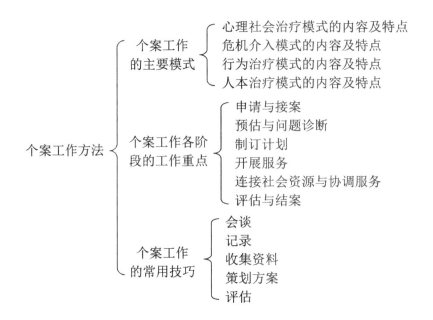

第一节 个案工作的主要模式

一、心理社会治疗模式的内容及特点

(一) 心理社会治疗模式的内容

1. 心理社会治疗模式的理论假设（表1-4-1）

表1-4-1 心理社会治疗模式的理论假设

要 点	内 容
对人的成长发展的假设	人生活在特定的社会环境中并受到生理的、心理的和社会的三个方面因素的影响。三个因素彼此相互影响，共同推动个人的成长
对服务对象问题的假设	服务对象问题产生的原因可以概括为三个方面： ①不良的现实生活环境，主要表现为过大的生活压力或者缺乏个人社会功能发挥的机会 ②不成熟或有缺陷的自我和超我功能 ③过分严厉的自我防卫机制和超我功能
对人际沟通的假设	心理社会治疗模式十分重视人际沟通交流的状况，它认为人与人之间进行有效沟通是健康人格的重要条件

（续表1-4-1）

要 点	内 容
对人的价值的假设	每个人都是有价值的存在。心理社会治疗模式强调的就是帮助服务对象挖掘潜能和资源来解决自己的问题

2. 心理社会治疗模式的治疗技巧（表1-4-2）

表1-4-2 心理社会治疗模式的治疗技巧

要 点		内 容
非反思性直接治疗	支 持	通过社会工作者的了解、接纳和同感等方式减轻服务对象的不安，给予必要的肯定与认可
	直接影响	社会工作者直接表明态度和意见，促使服务对象发生改变
	探索—描述—宣泄	社会工作者让服务对象解释和描述问题产生的成因和发展过程，情绪得以宣泄，以减轻服务对象心理冲突
反思性直接治疗		社会工作者与服务对象进行沟通交流，引导服务对象对自己的问题进行分析的技巧。反思性治疗比较关注服务对象内心感受 ①现实情况反思：社会工作者帮助服务对象正确地理解和分析自己的现实处境 ②心理动力反思：社会工作者协助服务对象正确认识和理解自己内心的反应方式 ③人格发展反思：社会工作者协助服务对象重新认识和评价以往经历，调整自己人格
间接治疗技巧		①心理社会治疗模式认为周围环境或者第三者对服务对象有非常重要的作用 重要他人：周边环境和第三者中最主要的是服务对象的重要他人，是指与服务对象感情联系最深的人群 并行者：指与服务对象有工作、事务或伦理关系的人群，如同事、教师等 ②间接辅导的对象包括服务对象的父母、朋友、同事、老师等。间接介入的一项重要任务，即是发掘和调动服务对象的支持网络

（二）心理社会治疗模式的特点

1. 注重从人际交往场景中了解服务对象
2. 运用综合性诊断方法确定服务对象问题的原因
3. 多层面的服务介入方式
（1）减轻服务对象的不安。
（2）减轻系统功能的失调。
（3）增强适应能力。
（4）开发潜能。
（5）改善人际关系。

二、危机介入模式的内容及特点

（一）危机介入模式的内容（表1-4-3）

危机是指人受到意外危险事件的破坏而产生的身心混乱的状态。某个特殊事件之所以成为危机，需具备三个条件：一是阻碍服务对象重要目标的实现，二是超出服务对象现有的能力，三是导致服务对象出现心理失衡。

表 1-4-3　危机介入模式的内容

要　点	内　　容	
危机的发展阶段	危　机	危机事件发生的最初阶段，服务对象运用惯用问题处理方式面对生活困境
	解　组	服务对象处于极端的情绪困扰中，处理问题的认知能力下降，生活被打乱，家庭关系紧张或破裂
	恢　复	服务对象经历过解组阶段调整自己的行为，尝试用新的方式解决
	重　组	服务对象在混乱中重拾自信，恢复生活平衡
危机介入的基本原则	①及时处理 ②限定目标 ③输入希望 ④提供支持 ⑤恢复自尊 ⑥培养自主能力	

（二）危机介入模式的特点（表 1-4-4）

表 1-4-4　危机介入模式的特点

要　点	内　　容
迅速了解服务对象的主要问题	社会工作者需要尽快了解服务对象的生活和环境，用最快的速度了解服务对象的主要问题
快速作出危险性判断	社会工作者在了解服务对象的主要问题时，需要对服务对象采取破坏行为的可能性和危险程度进行评估，以便尽快处理
有效稳定服务对象的情绪	社会工作者在危机介入的时候需要技巧性地稳定服务对象的不良情绪，与服务对象建立相互信任的合作关系
积极协助服务对象解决当前问题	服务对象情绪稳定之后，社会工作者需要以问题解决为中心展开服务

三、行为治疗模式的内容及特点

（一）行为治疗模式的理论（表 1-4-5）

表 1-4-5　行为治疗模式的理论

要　点	内　　容
经典条件作用理论	在刺激与无条件反射之间加入中性刺激形成条件反射，人可以利用语言系统建立复杂的反射系统
操作性条件作用理论	有机体的行为会使周围环境发生改变，环境的改变又会反过来影响有机体，促使有机体调节自己的行为

(续表1-4-5)

要点	内容
社会学习理论	以班杜拉的模仿实验为基础的理论,观察学习是学习的一种重要方式,人类大多数的学习需要借助示范、观察和模仿

(二)行为治疗模式的技术(表1-4-6)

表1-4-6 行为治疗模式的技术

要点	内容
放松练习	放松练习要求服务对象通过身体的放松纾缓生理和心理的紧张状态
系统脱敏	系统脱敏是让服务对象在放松状态下逐渐消除对事物的恐惧和担心的方法
满灌疗法	与系统脱敏相反,满灌疗法是让服务对象直接面对刺激源使其处于最严重的焦虑状态中,经过不断重复,从而消除焦虑症状,快速脱敏
厌恶疗法	让服务对象的不适应行为与某种厌恶性反应建立联系,迫使服务对象体会到不愉快的体验并逐渐放弃不适应行为
模仿	又称示范法。社会工作者示范需要学习的行为让服务对象观察,并加以练习。根据服务对象有无练习的机会,可分为主动模仿和被动模仿

(三)行为治疗模式的特点

以服务对象的行为学习为中心展开,具有注重服务对象行为的评估、关注服务对象行为的修正、侧重服务对象修正后行为的评估等特点。在治疗过程中注重与服务对象建立良好的关系。

四、人本治疗模式的内容及特点(表1-4-7)

表1-4-7 人本治疗模式的内容及特点

要点		内容
理论假设	对人性的基本看法	人性本善,具有发挥自身多种潜能、追求不断发展的基本趋向
	自我概念	包括服务对象对自己、对自己与他人关系以及对环境的知觉和评价三个部分。如果服务对象的自我概念依赖他人的价值标准,并以此确定自己的行为方式,就会与自己的真实需要发生冲突
	心理适应不良和心理适应失调	自我概念与真实的经验和感受相冲突,服务对象借助曲解或否定等方式保持两者的表面一致,由此导致的心理状态即为心理适应不良或失调
治疗策略		有效的辅导方式乃在于创造一种有利的辅导环境让服务对象接近自己的真实需要
特点		①注重社会工作者的品格和态度 ②强调个案辅导关系 ③关注个案辅导过程

第二节　个案工作各阶段的工作重点

一、申请与接案（表1-4-8）

表1-4-8　申请与接案

要点	内容
求助者的服务申请	社会工作者倾听求助对象的需求和愿望，了解是否迫切需要帮助，提醒求助对象正式提出服务申请
接案	鼓励提出服务申请的求助对象，肯定其改变的动力和信心，促使其成为机构服务对象，纳入机构服务计划。接案主要任务有三项： ①鼓励求助对象用积极的态度去面对改变 ②明确求助对象的改变要求 ③确认求助者身份
专业关系的建立	初次接触服务对象，倾听服务对象的困扰和需求，表达自己的同理和接纳。如服务对象的需求或居住地方在机构服务范围外则应该提供转介服务，向服务对象说明转介理由

二、预估与问题诊断（表1-4-9）

表1-4-9　预估与问题诊断

要点	内容
收集服务对象的有关资料	了解服务对象的个人情况和所处的周围环境以及个人与环境的互动，个人情况包括生理、心理和社会方面的情况，环境资料包括家庭、同辈群体、社区和工作情况等
预估服务对象的问题	对服务对象的问题进行横向和纵向分析 ①横向分析：分析服务对象的生理、心理和社会三个层面上的问题，了解不同层面问题对服务对象的影响 ②纵向分析：分析服务对象的问题发展变化、问题的缘由和过去重要经历等
诊断服务对象的问题	从专业角度推断服务对象的问题，诊断应该包括四个方面： ①服务对象的主要表现 ②服务对象问题的成因 ③服务对象的能力和环境拥有的资源 ④实施干预的建议

三、制订计划（表1-4-10）

表1-4-10　制订计划

要点		内容
制订服务计划	概述	鼓励服务对象参与到服务计划的制订过程中，让服务对象与社会工作者平等地交流，真实反映服务对象需求

(续表1-4-10)

要　点	内　　　　容	
制订服务计划	服务计划的内容	①服务对象的基本情况 ②服务对象希望解决的问题 ③开展服务的理论依据、原理和基本概念 ④服务计划的目标 ⑤开展服务的基本阶段和使用方法 ⑥开展服务期限 ⑦联系方式
	社会工作者需要完成服务计划的五个任务	①准确分析服务对象的需求和问题 ②明确服务的目标、方法和阶段，以及彼此之间的联系 ③熟悉服务机构提供的具体服务 ④清晰了解自己的能力 ⑤了解服务对象已有的资源
服务面谈内和服务面谈外的安排	①服务面谈结束后给予服务对象面谈以外的行动任务 ②服务面谈开展之前了解此前的行动任务完成情况 ③服务面谈中针对服务对象行动任务的完成情况给予面对面的指导 ④每次服务面谈后给予下次行动任务的要求和要点	
服务协议的签订	签订服务协议，明确双方责任和义务，促进服务对象参与服务、与社会工作者密切配合 服务协议包括的五个基本内容： ①服务目标 ②采用的方法、手段和服务的内容 ③服务双方的权利和义务 ④服务地点、时间、场地、次数、形式等 ⑤服务双方的签字	

四、开展服务（表1-4-11）

表1-4-11　开　展　服　务

要　点	内　　　　容	
推进服务	推进是指按照服务计划使用专业技巧推进服务进展，促使服务对象改变的过程。服务的推进原则包括：	
	从能做的开始	人的改变是需要一步一步进行的，从微小的改变开始，增强服务对象的信心和动力
	从愿意合作的着手	服务对象的改变受到自身和环境的制约，工作中可以从服务对象自身和周围他人的合作开始着手介入
	采用综合的服务策略	服务对象的改变是综合环境的结果，综合影响服务对象周边的环境，使得其周边的他人和环境为其改变创造有利条件
扮演专业角色	使能者	使用专业知识和技能使得服务对象发挥潜在能力，促使服务对象改变

(续表1-4-11)

要点		内容
扮演专业角色	联系人	协助服务对象与提供服务的机构联系，保证服务对象获得合适的服务
	教育者	教导服务对象使用新的知识、新的方法处理问题，调整原来的行为方式
	倡导者	倡导机构实行必要的改革，为缺乏资源的服务对象争取更加合理的服务，或鼓励服务对象争取合理的资源和服务
	治疗者	使用专业方法和技巧减轻或消除服务对象的困扰
维持专业合作关系		维持良好的专业合作关系有利服务对象配合社会工作者的服务开展，影响服务效果。服务过程中可以使用的技术包括以下三种： ①接纳：无论服务对象面临什么问题，社会工作者需要对其状况有足够的理解态度，关注服务对象及其需求 ②无条件关怀：无论服务对象的情况好坏与否，社会工作者对其情况不评价不批判，尊重服务对象的选择，并且相信服务对象是能够改变的 ③真诚：社会工作者对自己的感受保持开放的、愿意交流的态度，分享自己的真实想法

五、连接社会资源与协调服务（表1-4-12）

社会工作者通过资源链接满足服务对象的多种需求，协调提供服务的单位和资源，进行合理的安排和使用。

表1-4-12　连接社会资源与协调服务

要点		内容
社会资源的类型	非正式社会资源	服务对象在非正式交往中形成的社会资源，包括关心服务对象成长的家庭成员、家属、朋友、邻里等
	正式社会资源	正式的社会机构和社会组织提供的社会资源
连接社会资源的方式	资源的提供	社会工作者直接将资源提供给服务对象
	资源的发现	帮助服务对象寻找到合适的潜在的资源
	资源的培育	帮助服务对象培养和创造社会资源
	需求的表达	社会工作者在他人误会和质疑服务对象的需求时对其进行澄清和正确的说明
	利益的协调	社会工作者在服务对象与他人冲突时协助服务对象进行协商
	权益的保护	通过合法程序帮助服务对象避免受到他人的威胁
服务的协调		①服务面谈内和服务面谈外的协调：帮助服务对象将面谈内的改变推进到面谈外的生活，将面谈外的困难带到面谈中进行探讨 ②服务对象改变和周围他人改变的协调：服务对象的改变需要得到周围他人的支持，周围他人的改变也需要服务对象做出积极的回应 ③服务对象改变与社会工作者改变的协调：服务对象的改变需要社会工作者提供的服务进行相应的调整，以促进服务对象更好发展

六、评估与结案（表1-4-13）

表1-4-13 评估与结案

要点		内容
结案	可以结案的情况	①社会工作者和服务对象认为工作目标已经达到并且达成共识 ②服务对象有独立完成任务或独立解决问题的能力 ③社会工作者和服务对象关系建立不佳，希望尽早结束 ④服务对象需要其他机构和社会工作者解决一些新的问题和满足新的需求 ⑤因为不可预测的因素结束服务 ③④⑤三种情况，社会工作者应该转介机构的其他社工进行服务，并且进行后续回访，了解服务是否合适
	结案处置	结案意味服务双方专业关系的终结，为了帮助服务对象顺利处理服务结束的情况，社会工作者应当做适当的处理 ①预先告知服务对象结案的安排，让服务对象做好心理准备 ②巩固和肯定服务对象在服务过程中的改变和进步 ③社会工作者和服务对象探讨问题得到解决的因素，做好独立准备 ④鼓励服务对象表达结案情绪，并且讨论后续跟进事宜
成效评估	服务对象的改变	在哪些方面得到改善，改善的程度
	工作目标的实现	有多少目标实现了，以及实现的程度如何
	服务成本的投入	投入了多少人力、物力和时间资源等
跟踪服务		①了解服务对象的练习任务情况，巩固服务对象的进步，增强服务对象独立处理问题的能力 ②通过跟踪，继续调动服务对象的社会资源，增强服务对象的社会支持 ③对服务对象的情况进行持续的评估

第三节 个案工作的常用技巧

一、会谈

（一）个案会谈的类型（表1-4-14）

表1-4-14 个案会谈的类型

要点	内容
建立关系的会谈	会谈目的以建立关系为中心，建立专业的合作关系，重点在于创造宽松、信任的谈话氛围，使得服务对象可以自由表达

(续表1-4-14)

要　点	内　容
收集资料的会谈	会谈目的是帮助社会工作者收集服务对象的相关资料。社会工作者应该在会谈之前准备好访谈大纲以备了解服务对象
诊断性会谈	为了帮助社会工作者针对服务对象的问题做出正确认识和推断而安排的会谈，社会工作者与服务对象协商分析问题事实和成因
治疗性会谈	社会工作者帮助服务对象处理困扰问题和满足需求的会谈。社会工作者需要使用问题介入方法，同时需要观察服务对象，及时调整服务方法和策略
一般性咨询会谈	通过服务对象提供的信息协助服务对象做出选择的会谈

（二）个案会谈的安排（表1-4-15）

表1-4-15　个案会谈的安排

要　点	内　容
个案会谈的准备	包括对服务对象相关资料的浏览，选择会谈时间和场地，布置会谈场地
个案会谈的内容安排	回顾上次会谈结束之后服务对象的变化，了解服务对象的观念想法和行为，总结会谈中获得的经验，布置会谈之后的行动任务
会谈内外的衔接	会谈中详细布置会谈外的行动任务，会谈外的困境在会谈中进行表达

（三）个案会谈的技巧（表1-4-16）

表1-4-16　个案会谈的技巧

要　点		内　容
支持性技巧	专注	①保持眼神交流 ②身体前倾 ③专心，注意力集中
	倾听	用心聆听，并给予反馈
	同理心	代入服务对象，理解其内心感受
	鼓励	口头语言、身体语言肯定服务对象的积极表现
引导性技巧	澄清	引导服务对象重新整理模糊不清的经验和感受
	对焦	让服务对象把偏离话题或者宽泛的讨论范围收窄，进行集中讨论
	摘要	将服务对象冗长的表达内容整理归纳成重要的摘述
影响性技巧	自我披露	在服务过程中恰当地向服务对象披露自己的经验、处事方法等，为服务对象提供参考
	建议	根据服务对象的具体情况提出对服务对象处理问题有利的建议，应避免绝对的要求，尊重案主自决原则
	忠告	向服务对象指出某些行为的危害性或必须采取的行为

(续表1-4-16)

要点		内容
影响性技巧	对质	社会工作者发现服务对象的行为、认识、情感等有相互矛盾的情况时直接提出疑问。对质技术应建立在良好关系的基础上，并且营造接纳、尊重、客观评价、真诚的情感环境
	提供信息	社会工作者向服务对象提供必要的知识和技巧

二、记录（表1-4-17）

表1-4-17 记 录

要点	内容
个案记录方式	①文字记录 ②录像 ③录音
个案记录的要求	①个案记录的基本格式：个案的基本情况、个案面临的主要问题、个案的背景和经历、个案的能力和资源、个案的诊断 ②现在与过去：了解服务对象的过去和现在的状态及成因 ③实事与推断：理清掌握到的情况是事实还是推断
个案记录的作用	①有利于服务的跟进 ②有利于社会工作者进行评估 ③作为转介的依据和材料 ④作为机构评估的一部分 ⑤作为日后研究的参考

三、收集资料（表1-4-18）

社会工作者对于服务对象资料的收集有直接的和间接的方法，具体技巧包括：

表1-4-18 收集资料

要点	内容
会谈	包括自我陈述和对答方式
运用调查表	使用结构式和非结构式调查表
观察	使用参与观察和非参与观察
使用现有资料	使用文献记录和实物作为资料依据

四、策划方案（表1-4-19）

社会工作能否有效顺利展开，取决于有没有制订好服务方案。

表1-4-19 策划方案

要点	内容
目标清晰而且现实	①目标是可以观察的 ②目标是可以测量的 ③目标是正向的

(续表1-4-19)

要点	内　容
服务对象的范围明确	①以服务对象为中心 ②以服务对象身边的重要他人为参与者 ③以服务对象其他重要他人为支持者
合理的策略	①服务方案的策略是和服务目标一致的 ②多重服务策略之间应该是协调的

五、评估（表1-4-20）

表1-4-20　评　估

要点	内　容
正确运用评估类型	①根据不同的评估任务选择不同类型的评估 ②综合运用不同类型的评估
正确运用评估的方法	①评估中综合使用行为评估、问卷评估和心理测量 ②评估中问卷评估和心理测量相结合
鼓励服务对象的积极参与	①与服务对象商讨关于评估的事情，让服务对象了解自己的进步 ②服务对象主导评估工作，促使评估成为服务对象成长的自我评价
坦诚和保密	①坦诚：社会工作者需要坦诚直率表达自己对评估状况的意见和态度 ②保密：社会工作者向服务对象说明保密原则，减轻服务对象对评估的担心

第五章 小组工作方法

本章知识体系

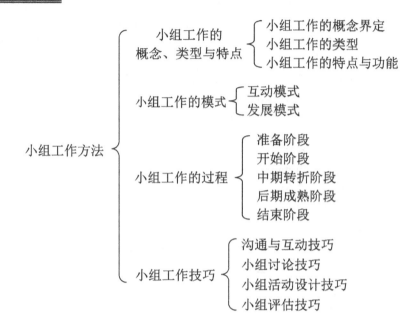

第一节 小组工作的概念、类型与特点

一、小组工作的概念界定（表1-5-1）

表1-5-1 小组工作的概念界定

要 点	内 容
概 念	也称为团体工作，是一种以小组活动形式（两个或以上）开展的社会工作方法 小组工作指在小组成员间互相依存为基础的情况下，通过专业的小组活动从而使得个体和团队的社会功能得到恢复和增强，进而实现社会发展的目标
小组工作四要素	①社会工作的专业方法之一 ②社会工作者按照既定的目标带领和引导的一个过程 ③小组组员在小组工作过程中面对面地相互沟通交流，互相影响，共同解决所面对的问题 ④小组以组员之间的经验交流与分享作为手段，达到改善小组成员社会功能，促进个人或群体健康成长的社会目标

二、小组工作的类型（表1-5-2）

表1-5-2 小组工作的类型

要点	内容
教育小组	教育小组是通过教学或小组成员分享，帮助小组成员学习新的知识和技巧，或补充相关知识的不足之处，促使成员改变对相关问题的看法和解决方式 例如家长教育小组，父母亲学习如何管教子女的行为；种植技能培训小组，农户学习如何种植作物等
成长小组	成长小组旨在帮助组员了解、认识自己，发掘和利用组员的内在潜能和资源，解决所面对的问题并促进个人的健康成长 其典型是针对不同人群的需要而开展的"体验小组"，如青少年野外拓展训练营
支持小组	支持小组把具有同质性的人聚集在一起，其组员一般都有相同的问题、经历或经验，通过相互支持的方式，达到解决问题和成员改变的效果 如新近丧偶小组、父母离异儿童小组、单亲家庭自强小组、癌症患者小组
治疗小组	治疗小组的组员一般来自不适应环境，或某社会关系网络断裂破损而导致其行为出现问题的人群 治疗小组一般在心理卫生机构或者矫治机构中运用，如为吸毒成瘾者提供服务的"美沙酮治疗小组"等

三、小组工作的特点与功能（表1-5-3）

表1-5-3 小组工作的特点与功能

要点		内容
小组工作的特点	小组组员面对着相似或共同的问题	①可以在小组中得到认同感 ②组员间相互依存和相互影响 ③因为面对相似的问题，小组中会形成特定的文化和社会关系氛围
	强调小组组员的民主参与	鼓励小组成员参与到活动目标和方案等的决策中 社会工作者应将决策权慢慢地转移到小组成员的手中，并从旁指导，发掘和发挥组员的潜能
	关注团体的动力	小组因为组员问题的共同性或相似性而存在，所以解决问题是组员的内在需求，注重小组在解决问题中的发展动力也成为必然
	运用小组治疗性因素	小组中的植入希望、利他主义、自我披露、相互学习均包含有治疗性因素
小组工作的功能	塑造组员平等意识和共同体归属感	小组是临时性社会共同体，组员都是因为需要解决共同的问题而参与到小组当中。小组的每个组员都需要建立共同体意识 共同体意识包括平等意识、主人翁意识和被接纳的文化感受，由此形成组员的互相认同与归属感
	提供改变和"被肯定"的社会场境	小组如同一个真实的社会，背后是一个小组外的世界 在小组这样的模拟社区得到肯定、接受和分享，在真实社区中得到信心提升、融入社区、适应社会

(续表1-5-3)

要点		内容
小组工作的功能	创造相互帮助、共同成长的学习机会	小组提供组员帮助他人和被帮助的机会，从而实现共同成长社会工作者在小组当中需要充当指导者、合作者和同伴角色
	打造增能的社会支持网络	组员通过小组中与组员、社会工作者之间的互动交流，必然形成一定的相互支持网络，这种网络对于组员的潜能发挥、自我改变和提升等都将有深远持久的影响

第二节　小组工作的模式

一、互动模式（表1-5-4）

表1-5-4　互动模式

要点	内容
含义	互动模式亦称交互模式或互惠模式，是基于人与环境和人际关系而建立的一种小组模式，旨在通过小组成员的交互影响，增强组员的社会功能，提升其发展能力。互动模式下的小组工作焦点在于互动关系及其效果
实施原则	只要有需要的都可参加互动模式小组。社会工作者此间的角色是组员之间和小组与社会之间的协调者。社会工作者在互动模式的小组工作中，必须坚持和实施的原则包括： ①开放性的互动：小组的目标焦点在于个人，也在于环境，更在于互动、互助的过程本身 ②平等性的互动 ③面对面的互动

二、发展模式（表1-5-5）

表1-5-5　发展模式

要点	内容
概述	发展模式又称过程模式或发展性小组模式，旨在解决和预防服务对象功能的衰减问题，恢复和发展服务对象的社会功能
理论基础	强调以人的发展为核心，关注人的社会功能的提升，重视的是组员个人潜力的发掘与发挥 发展模式假设的前提是：人有潜力做到自我意识、自我评价和自我实现；能意识到他人的价值，并与他人形成互动；能意识到小组的情境，评估小组的情境并采取行动
实施原则	发展模式适用于有困难的人群、面对危险的人群、寻求更大自我发展的人群。社会工作者在应用此模式时，应坚持以下两个原则：

(续表1-5-5)

要点	内容
实施原则	①积极参与原则：社会工作者要鼓励组员主动表达自己的困惑、对小组的建议，积极分享经验 ②"使能者"原则：支持、帮助组员发展认知，激发潜能
特点	①目标是促进小组成员和小组的共同发展 ②小组成员通过互动、学习和经验分享获得自我成长 ③小组工作者发挥协调者和"使能者"角色

第三节 小组工作的过程

一、准备阶段

小组工作的准备阶段属于制订计划的阶段，还不是小组组员参与过程的开始。

（一）组员的招募及遴选（表1-5-6）

表1-5-6 组员的招募及遴选

步骤	内容
招募成员	社会工作者招募小组成员的渠道包括五种： ①主动向本机构寻求帮助的某些人员 ②已由本机构服务的某些对象 ③其他机构转介来的特定服务对象 ④主动报名参加的某些人员 ⑤社区居民向本机构介绍的某个人员
遴选和评估	社会工作者通过个别会见或资料考察的形式对小组组员进行必要的遴选和评估。遴选和评估的要点主要包括： ①共同或相似的问题，或者有共同的兴趣或愿望 ②年龄和性别（如果有此要求的话） ③文化水平和对某些问题的认识 ④家庭状况 ⑤职业状况 ⑥对参加小组的要求
确定组员	社会工作者按照本小组的类型、特点及人数要求等，确定参加本小组的成员，并协助他们在参与活动前了解以下信息： ①了解小组工作的意义和特点 ②小组工作的具体程序和可能的活动项目 ③有关的社会政策 ④鼓励组员表达对于小组的期望

（二）确定工作目标（表 1-5-7）

小组的类型特征及成员的问题和需求决定着小组工作的总目标，总目标大致包括指导思想和总体任务。

围绕总目标建立的具体目标，包括沟通目标、过程目标、实质目标和需求目标四个部分。

表 1-5-7　确定工作目标

要　点	内　容
沟通目标	促进组员之间相互理解和接纳，从而实现互动和分享
过程目标	小组不同阶段的目标，是不同阶段任务的具体化
实质目标	确定小组将要解决的具体问题及范围
需求目标	针对每一个小组组员的具体需求而设计的任务

（三）制订工作计划和申报并协调资源（表 1-5-8）

表 1-5-8　制订工作计划和申报并协调资源

要　点	内　容
制订工作计划	一份专业的小组工作计划是开展小组工作的必要条件。通常，小组工作的方案或计划就是一份详细的小组计划书 小组的计划书包括：理念背景、总体目标、组员、小组特征、具体目标、初步确定的程序计划和日程、招募计划、需要的资源、预料中的问题和应变计划、财务预算及评估方法
申报并协调资源	涉及小组所需的资金、场地及人力支持等方面资源，社会工作者需要向自己所属的服务机构提出申请，递交工作方案，争取批准和资源支持。有些小组也可向有关社区或赞助机构争取支持

（四）小组的规模与工作时间

小组的规模指的是小组的大小，主要与小组的人数相关，一般控制在 3～50 人之间。5 人小组适合讨论，8 人小组适合完成任务，活动性、辅导性、教育性小组规模可稍大，30～50 人均可。但超过 25 人，成员之间的紧密性明显降低。

小组的时间包括以下四个方面：

（1）工作的持续时间。
（2）小组聚会的频率。
（3）每次活动时间的长短。
（4）小组开始和结束的时间。

（五）活动场地及设施的选择和安排

活动场地及设施属于小组工作的前期物质准备，具体包括：

（1）活动场地的选择，最好是安全、安静、舒适的活动场地和环境。
（2）活动所需的座位安排。
（3）其他所需设置和辅助材料。

二、开始阶段（表1-5-9）

表1-5-9 开始阶段

要 点	内 容	
开始阶段组员的一般特点	小组的开始阶段，小组成员容易出现以下的心理和行为上的问题： ①矛盾的心理行为特征 ②小心谨慎与相互试探 ③沉默而被动 ④对社会工作者有依赖性	
社会工作者的任务	①协助组员彼此认识以消除陌生感 ②帮助组员认识小组目标、合理调整对小组的期望 ③讨论保密原则和建立契约 ④制定小组规范 ⑤营造信任的小组气氛 ⑥协助组员之间形成相对稳定的小组关系网络	
社会工作者的责任和角色	领导者	指导小组发展、制订小组活动计划、统筹小组活动
	鼓励者	鼓励组员主动表达自己期望，尽快适应小组环境
	组织者	组织活动以推动组员相互了解，促进组员之间尽快建立互助信任关系

三、中期转折阶段（表1-5-10）

表1-5-10 中期转折阶段

要 点	内 容	
概 述	中期阶段组员关系走向紧密化，同时开始出现小组内部权力竞争 社会工作者的工作重点是，通过专业辅导，协调和处理组员之间的竞争及各种可能的冲突，促进小组内部的良性竞争与和谐，推动小组关系走向紧密化	
组员的常见特征	①对小组具有较强的认同感 ②互动中的抗拒与防卫心理 ③角色竞争中的冲突	
社会工作者的任务	处理抗拒行为	社会工作者要帮助组员了解小组是分享和表达感受的重要场所。同时，要营造一种开放的气氛，帮助成员探索自己的恐惧和防卫，鼓励他们承认并解决他们所体验的任何犹豫和焦虑等
	协调和处理冲突	社会工作者应有包容、冷静、理性的态度，协助组员让冲突成为他们正向成长的经验。协调和处理冲突的措施有： ①帮助组员澄清冲突的本质，特别是背后的价值观差异 ②增进小组组员对自我的理解和对他人处境的换位思考 ③重新调整小组规范和契约 ④协助组员面对和解决冲突带来的人际关系和情绪紧张 ⑤运动焦点回归法，让组员自己解决问题

(续表1-5-10)

要点	内容	
社会工作者的任务	保持组员对整体目标的意识	注意提醒组员保持对小组目标的意识，使组员时刻注意小组目标或与小组目标一致的个人目标
	协助组员重新建构小组	此阶段对小组的构建，主导角色由社会工作者转移到组员。社会工作者在转移角色的过程中，应引导、协助和鼓励组员担负起重构小组的全部责任
	适当控制小组进程	社会工作者适当地控制小组进程，引导组员以小组为中心的互动，创造一个以小组为中心的环境，以更好地实现小组目标
社会工作者的责任和角色	①小组的协助者、引导者（不再担当小组的领导者和决策者） ②工作者、辅导者、调解人、支持者	

四、后期成熟阶段（表1-5-11）

后期成熟阶段小组有相对稳定的关系结构和良好的运作状态，组员之间相互了解、接纳，提出的建议或计划更加现实，可执行性更高。

表1-5-11　后期成熟阶段

要点	内容
小组及组员的一般特点	①小组的凝聚力大大增强 ②组员关系的亲密程度更高 ③组员对小组充满了信心和希望 ④小组的关系结构趋于稳定
社会工作者的任务	①维持小组的良好互动 ②协助组员从小组中获得新的认知 ③协助组员把认知转变为行动 ④协助组员解决有关问题
社会工作者的责任和角色	①信息、资源的提供者和连接者（整合和提供必要的信息和资源，使小组工作更好地开展） ②小组及组员能力的促进者（促使组员发挥潜能，解决问题） ③小组的引导者和支持者（以同行者的身份，提供必要的引导和支持）

五、结束阶段（表1-5-12）

表1-5-12　结束阶段

要点	内容
概述	小组工作的结束阶段，即小组的完结期，预期目标已经达到，也是小组历程的最后阶段。这一阶段即是指小组最后结束的动态时期及过程，也包括社会工作者在小组结束后对一些组员的跟进服务

(续表1-5-12)

要点	内容	
小组及组员的一般特点	浓重的离别情绪	主要表现为出现退化行为,希望可以延长小组日程,增加彼此相处的时间,或采用逃避的态度否定小组将要结束的事实
	小组关系结构的弱化	由于小组工作即将结束,小组的规范对组员的约束力和影响力开始减弱,组员间的关系变得松散,互动频率减少,强度也会降低
社会工作者的任务	①处理组员的离别情绪与感受 为了让组员做好心理准备并逐渐接受小组即将结束的事实,社会工作者务必在小组最后一次聚会前,告知每一位组员小组结束的日期 同时,社会工作者还应与组员一起讨论和处理组员此时心中的矛盾和伤感,帮助组员认识离开小组、进入现实生活的必要性和积极意义 ②协助组员保持小组经验。社会工作者应该协助组员保持已经改变了的行为,并在日常生活中运用在小组中获得的成长经验,主要方法有模拟练习、树立信心、寻求支持、鼓励独立、跟进服务	
社会工作者的责任和角色	在小组工作的结束阶段,社会工作者又回到中心地位 ①引导者角色:引导组员处理好别离情绪,并投入到现实生活中 ②领导者角色:规划好小组结束的活动,安排好每一步骤,协助完成理想的结束过程	
做好小组评估	结束阶段需要对小组做一整体评估,评估方式有社会工作者自评、组员自评和观察人员评估	

第四节 小组工作技巧

一、沟通与互动技巧(表1-5-13)

表1-5-13 沟通与互动技巧

要点	内容
与组员沟通的技巧	①营造轻松、安全的氛围(帮助组员更好地进行互动) ②专注和倾听(对组员的尊重和接纳的表现) ③积极给予回应(让发言者感受到被理解和被重视) ④适当自我表露(促使组员坦陈自身问题和需要) ⑤对信息进行磋商(使信息能够被正确了解和彼此间获得共识) ⑥适当帮助梳理(让发言的内容更加有条理和具有逻辑性) ⑦及时进行小结(简明扼要地将组员观点和重要信息表达)
促进组员沟通的技巧	①提醒组员相互倾听 ②鼓励组员相互表达:鼓励组员积极表达,并适当地让发言较少的组员发言

(续表1-5-13)

要点	内容
促进组员沟通的技巧	③帮助组员相互理解：帮助组员沟通和理解信息不一致和不明白的地方 ④促进组员相互回馈 ⑤示范引导

二、小组讨论技巧（表1-5-14）

表1-5-14 小组讨论技巧

要点		内容
小组讨论的事前准备		（1）选择合适的主题：主题应明确，要考虑小组的发展进程、特质、目标和组员能力等 （2）注意讨论主题的措辞：措辞最好能够引起其他组员的讨论，要有继续讨论的余地，要有范围的限度 （3）选择合适的讨论形式：可采用公开讨论、陪席式讨论、座谈会或质询会等形式 （4）安排活动的环境：社会工作者需要对活动的场地、座位、活动空间等进行考察与规划 （5）挑选合适的参与者：对参与者与组员的角色进行安排 （6）准备好讨论草案，其应包括： ①讨论的目标 ②安排和选择讨论素材 ③讨论场地及设施的准备清单 ④讨论时间的掌握、重点和次要问题的时间分配
主持小组讨论	开场的技巧	运用方法使参与者互相认识，引出讨论主题，并介绍讨论的规则和要求
	了解的技巧	①随时观察和感觉组员的语言、认知、情绪、行为，适时给予支持和鼓励 ②随时注意小组组员动力的运作，适时将自己对小组的感觉与思考反馈给组员 ③给予组员安全的小组气氛，使每一位成员都没有戒备地表露真实的自己，并勇于接受讨论中的各种挫折
	提问的技巧	一般有五种类型的提问 ①封闭式的提问，如"是不是" ②深究回答型的提问：可用"描述""解析"等词提问 ③重新定向型的提问：对刚发言的组员的问题，重新提问 ④反馈和阐述型的提问 ⑤开放式提问：如用"怎样""为什么"等词提问
	鼓励的技巧	对某些比较内向，或者容易害羞的成员给予支持和鼓励，等其有勇气再发言，对正确的方面给予积极的鼓励，树立起他们的信心和安全感

（续表1-5-14）

要点		内容
主持小组讨论	限制的技巧	当一些小组组员垄断小组讨论时，或当组员的发言太抽象时，或当小组讨论脱离主题范围时，社会工作者要采取限制的手段来处理小组或小组组员的行为。具体包括： ①用"是不是"的言辞询问其他组员 ②及时切断话题，给予适时打岔 ③限定发言时间 ④调整发言次序
	沉默的技巧	①适时在小组中形成真空，使组员自行判断 ②在接受意见和建议后，请组员进行判断
	中立的技巧	社会工作者应做到避免与组员争论，不偏袒或属意争论的任一方，不判断他人意见；仅提供问题，不给予答案；提供资料信息，不予决断；仅做利弊分析或事实论述，随时保持中立位置
	摘述的技巧	讨论中如遇到以下的情况，需社会工作者运用摘述技巧： ①讨论段落结束时 ②跑题或变换主题时 ③组员发言过于冗长、过于宽泛或复杂时 ④意见对立、争执时间久时 ⑤组员发言声音过小，语言出现障碍时 在摘述的过程中，社会工作者的摘要发言需简明，并征求意见确认正确性
	引导的技巧	①注意把握小组讨论的程序 ②妥善处理讨论中出现的冲突
	讨论结束的技巧	小组讨论将结束时，社会工作者需要对组员所提出的不同问题进行归纳，对组员所提出的各种意见和建议加以组织，形成结论。对小组讨论所做的结论必须详细、全面，并且对组员提出的主要意见要加以阐述、分析、评价和研究，并指出将要应用的方法

三、小组活动设计技巧（表1-5-15）

表1-5-15 小组活动设计技巧

要点	内容
紧扣小组目标	小组活动是实现小组目标的中介性工具，活动方案的设计应首先考虑小组目标
考虑组员的特征及能力	方案需考虑组员的生理、心理、情绪、教育程度、个体性特征，了解其成长经历和主要问题等
小组活动的基本要素	①小组活动的目标（包括总体目标和阶段目标） ②小组活动参与者（包括年龄、性别、职业、文化背景等） ③小组规模（即参加的人数多少）

(续表1-5-15)

要点	内容
小组活动的基本要素	④时间分配 ⑤组员的角色扮演和角色互换 ⑥环境设计（包括活动场所及所需的设施等） ⑦资源供应、经费预算 ⑧强度分布 ⑨预期结果 ⑩防止和处理意外事件的预案 ⑪总结与奖励
经验分享环节	每个小组活动都应该包含经验分享环节，预留一定时间让组员分享彼此的经验、感受，总结有益启示

四、小组评估技巧（表1-5-16）

表1-5-16 小组评估技巧

要点		内容
小组工作的评估类型	作为研究方法的评估	包括过程评估和结果评估两种类型
	作为工作方法的评估	主要包括： ①小组前计划评估，主要包括收集相关资料 ②小组需求评估 ③小组过程评估 ④小组的效果评估
评估的流程		制订评估方案→建立评估体系→评估要素之间的联系→按照评估流程执行评估→评估后审核→编写评估报告
收集评估资料	测量工具的选择	常用的测量工具有： ①小组记录 ②个人自我报告 ③分析报告 ④目标达成量表（GAS）、任务完成量表（TAS）、心理测量量表等
	资料收集	收集过程中，应考虑资料来源的多样性、收集方法以及评估者等要素
	资料收集中常见的问题	社会工作者是否参与资料收集；采用干扰性观察或非干扰性观察，也是收集过程中需要注意的问题

第六章 社区工作方法

本章知识体系

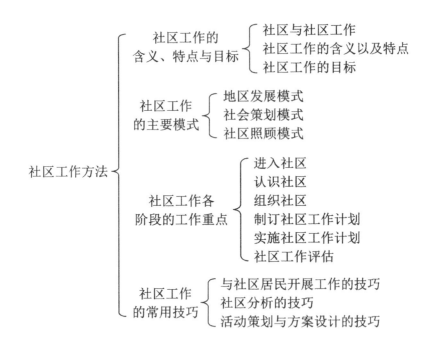

第一节 社区工作的含义、特点与目标

一、社区与社区工作（表1-6-1）

表1-6-1 社区与社区工作

要　点	内　容
社区的含义	社区是居住于某一地理区域，具有共同关系、社会互动及服务体系的一个人群。总的来说，社区具有以下的特点： ①社区是一个人群，他们住在相互邻近或衔接的地区，彼此常有往来 ②具有若干的共同利益，彼此需要支援 ③具有若干共同的服务，如交通、学校、市场等 ④有相同的生活方式和文化 ⑤有着若干共同需要

(续表1-6-1)

要点	内容
社区的功能	①经济的功能：满足社区成员的经济生产、生活物品和服务等需要 ②社会化的功能：成员在社区内习得其所在社会的共同价值观和行为模式 ③社会参与的功能：成员通过社区了解和认识社会，表达自己需求和参与社区事务 ④社会控制的功能：社区通过习俗、约定、规章和舆论等使得成员遵守社会规范 ⑤互助的功能：社区内成员互相帮助使得彼此共渡难关

二、社区工作的含义以及特点（表1-6-2）

表1-6-2　社区工作的含义以及特点

要点		内容
含义		社会工作三大直接手法之一，是以社区为对象的社会工作介入手法
特点	分析问题的视角更趋于结构取向	问题产生的原因不完全是在个人自身，而是与社区环境及社会因素都具有密切关系，所以分析问题时，视角应是结构取向的，而非个人取向
	介入问题的层面更为宏观	问题的解决应是个人、政府、社会多方面共同协商处理的，因此社区工作较多涉及社会政策和社会制度的改变，注重资源和权力的公正分配
	具有一定的政治性	社会工作者在工作中为社区居民维护合法权益并争取合理的资源，这些社区工作的内容都会涉及政治的范畴
	富有批判和反思精神	社区工作善于从社会结构、政策、制度和资源分配等角度分析和处理问题，并且关注社会变迁中困难群体的利益，容易引发对社会现存结构和政策的批判和反思

三、社区工作的目标（表1-6-3）

表1-6-3　社区工作的目标

要点	内容
社区工作目标的分类	美国著名的社区工作专家罗斯曼将社区工作目标分为以下两种： ①任务目标：指的是解决一些特定问题，完成具体工作，满足社区需要，达到一定的社会福利目标等 ②过程目标：指的是促进社区居民一般能力，如建立社区内不同群体的合作关系，发现和培育社区领袖参与社区事务，加强社区居民对公民权利和义务的了解
社区工作的具体目标	①推动社区居民参与 ②提高社区居民的社会意识 ③善用社区资源，满足社区需求 ④培养相互关怀和社区照顾的美德

第二节 社区工作的主要模式

一、地区发展模式

地区发展模式强调社区成员通过参与和合作，以集体的形式挖掘和利用社区资源，共同解决社区问题。

（一）地区发展模式的特点

（1）较多关注社区共同性问题。
（2）通过建立社区自主能力来实现社区的重新整合。
（3）过程目标的地位和重要性超过任务目标。
（4）特别重视居民的参与。

（二）地区发展模式的实施策略（表1-6-4）

地区发展模式的实施策略主要集中于推动社区成员的参与和互助合作，改善沟通和合作的渠道，以更好地运用地区资源，解决现存的社区问题。

表1-6-4 地区发展模式的实施策略

要 点	内 容
促进居民个人发展	该策略主要是针对社区居民之间关系冷漠和疏离的问题
团结邻里	该策略主要是针对社区中部分邻里关系不良的问题
社区教育	该策略主要解决居民对社区资源不熟悉、社区认同感不强的问题，并可用于培养居民骨干
提供服务和发展资源	该策略主要针对的是社区服务和社区资源缺乏的问题
社区参与	该策略主要是处理社区面对的部分共同问题

（三）地区发展模式中社会工作者的角色（表1-6-5）

地区发展模式强调的是居民参与，社会工作者的角色主要是使能者、教育者、中介者和协调者。

表1-6-5 地区发展模式中社会工作者的角色

要 点	内 容
使能者	协助居民表达对社区问题的不满，鼓励和协助居民组织起来，帮助他们建立良好的沟通渠道及人际关系，促进共同目标的产生与实现
教育者	社会工作者通过对居民开展相关培训，帮助其掌握解决问题的技巧和组织技巧，同时激发其积极参与和自助互助的精神
中介者	整合和调动社区内外资源，解决社区的问题
协调者	协调各组织机构、社区团体以及居民之间的关系

二、社会策划模式（表1-6-6）

社会策划模式是依据专家意见和知识，通过理性、客观和系统化的分析，设计出最适合所在社区的工作方案，从而处理和解决社区存在的问题的工作模式。

表1-6-6　社会策划模式

要　点	内　容	
社会策划模式的特点	①注重任务目标的实现：工作重点是解决实质性社会问题 ②强调运用理性原则处理问题：社会策划强调过程理性化、方法科学化 ③注重由上而下的改变：社会工作者扮演着专家角色 ④指向社区未来变化：分析当前和过去的资料，预测将会发生的事情	
社会策划模式的实施策略	（1）明确组织的使命和目标 （2）分析环境和形势 （3）客观地认识自己的能力 （4）界定和分析问题 （5）确定社区需要 评估需要的主要方法有： ①参与性方法：由服务对象参与确定需要 ②社会指标方法：用社会或专业所认可的指标数字来推断出需要 ③服务使用情况方法：通过目前使用服务者的资料来反映出居民需要的程度 ④社区调查方法：通过问卷调查科学化地了解居民的需要 （6）确立目标和达成目标的标准：即订立工作的方向和预期达到的理想效果 （7）寻找、比较并选择可行性方案：根据目标制订出可行性高的方案和策略 （8）测试方案：从人力、预算和大致的工作程序方面测试方案的可行性 （9）执行方案：需要监管整个运作程序，以免工作偏离轨道 （10）评估结果	
社会工作者在社会策划模式中的角色	技术专家	收集资料、社区分析、社区诊断、社区调查、服务策划和组织运作及评估
	方案实施者	执行方案，与有关机构保持良好关系，推动方案实施

三、社区照顾模式

让服务对象回归社区，尽量在家里或者在社区中正常生活的照顾模式被称为社区照顾模式。

（一）社区照顾模式的特点（表1-6-7）

表1-6-7　社区照顾模式的特点

要　点	内　容
协助服务对象融入社区	社区照顾的任务目标即是协助有需要的人群在社区中过正常的生活
强调社区责任	政府、营利机构、志愿组织、社区、家庭及个人共同分担责任

(续表1-6-7)

要　　点	内　　容
非正规照顾	是重要因素，重视动员由家庭、亲朋好友、邻居组成的非正式照顾系统
提倡建立相互关怀的社区	社区中互相关怀，有利于抗衡个人主义和城市化带来的疏离、孤独，更有利于社区照顾模式发展

（二）社区照顾模式的实施策略（表1-6-8）

表1-6-8　社区照顾模式的实施策略

要　　点	内　　容
在社区照顾	指将有需要的服务对象留在社区并向其提供服务。核心是强调服务的"非机构化" 在社区照顾的服务形式如下： ①让服务对象在其熟悉的社区中过家庭生活，并提供社区支持服务，如家务助理、社区护士及社区中心等 ②将社区内的大型机构改造为更为接近社区的小型机构，如老人庇护所、小型儿童之家 ③将远离市区的大型机构迁回社区内，使服务对象有机会接触社区，方便亲友探访会面
由社区照顾	指由家庭、朋友、邻居及志愿者人士为有需要的人群提供照顾和服务，核心是强调动员社区内的资源，发动社区内的亲友和邻里协助提供照顾 该照顾模式的重点是积极协助弱势群体和有需要人士在社区中重新建立支持网络。网络大致可以分为三类： ①提供直接服务的网络 ②服务对象自身的互助网络 ③社区紧急支援网络
对社区照顾	英国学者沃克提出，社区照顾除了"在社区照顾"和"由社区照顾"，还应该包括"对社区照顾"，需要充足的支援性社区服务辅助以实现社区照顾的持续 这些服务包括日间医院、日间护理中心、家务助理、康复护士、多元化的老人社区服务中心、暂托服务、关怀访问及定期的电话慰问等。这些服务的提供足够充分，才能辅助社区人士把需要照顾的人留在社区里生活 "对社区照顾"更加明确指出了正规照顾和非正规照顾相互融合的重要性
整合式社区照顾	社会支持网络强大与否取决于网络的广度与强度两个维度。社会工作者应致力于开发整合正式照顾和非正式照顾的资源，帮助服务对象增强支持网络

（三）社会工作者在社区照顾中的角色（表1-6-9）

表1-6-9　社会工作者在社区照顾中的角色

要　　点	内　　容
治疗者	为服务对象提供行为和心理方面的治疗

(续表1-6-9)

要点	内容
教育者和辅导者	为照顾人员提供辅导服务，教导相关的照顾技巧
经纪人	为服务对象寻找有关服务
倡议者	为服务对象倡议和争取合适的服务，替照顾者反映意见等
顾问	就服务对象的情况向有关服务机构提供意见

第三节 社区工作各阶段的工作重点

一、进入社区（表1-6-10）

表1-6-10 进入社区

要点	内容
进入社区之前的准备	①了解机构：对自己所在机构的理念、立场、倾向性、拥有的资源等进行了解 ②了解机构分工和自己的工作内容 ③认识同事：社区工作通常以团队形式进行，对同事了解、合作沟通是社区工作的必要前提
进入社区的方式	①积极参与社区的重要活动：参加社区的节假日活动和传统活动，增加在社区的知名度 ②主办社区活动：社会工作者所在机构可以在社区举办传统活动或者节假日活动，邀请社区居民和社区团体参加，营造良好的互动环境，宣传机构服务 ③积极介入社区事务：通过介入社区事务，给予积极的意见和建议，力所能及地参与社区建设 ④经常出现在社区居民视线中：通过在居民聚集的地方停留，主动和居民打招呼、谈话、拉家常等，让居民熟悉社会工作者 ⑤报道社区活动：通过和出版社、新闻媒体等联系，报道工作新闻和活动，增加居民对机构的了解

二、认识社区（表1-6-11）

表1-6-11 认识社区

要点		内容
社区基本情况分析	地理环境	包括社区边界、环境、交通状况、土地使用、基本设施、商业和社会服务、经济状况等

(续表1-6-11)

要点		内　　容
社区基本情况分析	人口状况	包括人口数量、年龄、性别比例、人口特征等
	社区资源	掌握社区的公共设施、教育、医疗和金融单位、社会组织等资源
	社区内权力结构	了解社区内的政治和权力结构、名人和社区领袖等
	文化特色	社区居民看重的价值观和文化信念，社区的重要节日活动和习俗
社区问题分析		①描述问题：了解问题的情况、性质和症状，居民的察觉、理解和感受 ②界定问题：说明问题性质，为解决问题提供方向 ③明确问题范围：确定问题的大小、影响程度等 ④问题的起源和动力
社区需要分析		英国学者布赖德·肖提出社区的四种需要：
	规范性需要	专业人员、行政人员或学者依据专业知识和现有规定或规范，所指出的特定需要标准
	感觉性需要	社区成员的个人期望
	表达性需要	居民将自己的感觉和想法通过行动表达出来的需要
	比较性需要	针对某种特征所做的比较，参照其他人和其他社区提出的需要

三、组织社区（表1-6-12）

表1-6-12　组　织　社　区

要点	内　　容
建立社区组织	①招收成员 ②订立组织规则 ③推选领导者 ④建立工作小组 ⑤筹措经费
管理社区组织	①服务规划 ②行销管理 ③财务管理 ④人力资源管理 ⑤研究与发展

四、制订社区工作计划（表1-6-13）

表1-6-13　制订社区工作计划

要点	内　　容
明确目标	①目标的构成：整体目标和阶段目标 ②制定目标的原则：社区参与原则和社区自决原则

(续表1-6-13)

要点	内容
制定策略	①提出策略：头脑风暴 ②评估策略：符合性、可接受性和可行性 ③筛选策略：运用SWOT策略进行筛选
设计方案	方案计划书是工作策略的具体呈现，须做到内容充实，具体可行

五、实施社区工作计划（表1-6-14）

表1-6-14　实施社区工作计划

要点	内容	
管理社区资源	（1）社区资源分析 （2）社区资源开发 （3）资源链接服务 （4）资源维系，应要遵循以下原则： ①不浪费原则 ②多方共同承担原则 ③资源使用公共透明原则 ④良好合作原则 ⑤统筹协调，减少重复使用原则	
执行工作方案	筹备阶段	提前召开会议筹备工作分工
	开展阶段	维持维系各方需求和工作分工，合理使用推进策略
	结束阶段	记录、总结、反思

六、社区工作评估（表1-6-15）

表1-6-15　社区工作评估

要点	内容	
评估的类别	过程评估	又称形成性评估，是对社区工作过程中的每个步骤的进展情况的评估。了解每个步骤和因素对服务对象的影响
	结果评估	对社区工作的产出结果进行评估，通过收集社区工作的成果资料评定小组是否完成目标
	效益评估	了解服务的投入和产出之间孰大孰小的问题
评估的步骤	（1）明确评估目标 ①评估目标与计划中的目标相联系 ②划分目标和对象 ③对目标的描述清楚具体 ④各方在评估目标上达成共识 （2）建立社区工作测评标准 （3）设计社区工作评估研究方案 ①确定测评因素 ②确定测评方法和对比方法	

(续表1-6-15)

要点	内容
评估的步骤	③确定测评时间和长度 ④确定测评次数 （4）收集与分析资料 （5）使用评估结果

第四节 社区工作的常用技巧

一、与社区居民开展工作的技巧

（一）与居民接触的技巧（表1-6-16）

表1-6-16 与居民接触的技巧

要点		内容
足够的 事先准备		①确定接触的目标和出发点 ②选择接触的对象 ③确定访问时间 ④预备话题 ⑤穿着大方得体 ⑥预计困难问题和克服方法 ⑦对访问环境进行了解
与居民接触	介绍自己	尽量找"熟人"引见，介绍自己及机构，出示工作证
	展开话题	通过寒暄热身，让居民放松，谈话方式和内容应该是居民可以理解的
	维持谈话	通过倾听、同理、澄清、分享感受和提供资源等方式，维持对话
	结束对话	初次接触，时间宜短不宜长。结束对话时尽量做到以下三点： ①感谢居民对自己的信任 ②总结谈话，积极反馈 ③留下联系方式，鼓励居民主动联系自己 社会工作者在离开居民、完成接触后，要完成以下两方面的工作： ①记下主要资料：被访者背景及社区网络，居民对所谈事务的印象、反应、热心程度、能否被调动、资源等 ②总结：目标达成情况，被访居民的特征，接触过程中的成功经验和不足之处
以招募为 目的的居民 接触技巧		由于目的性较强，展开话题会比较快，社会工作者通常以居民的需要和问题为切入点，运用探索感受、反映感受、重述、鼓励等技巧了解居民的态度和立场，鼓励居民参与

（二）会议技巧（表1-6-17）

表1-6-17 会议技巧

要点		内容
会议的过程	会议前	明确会议目标，做好会务准备，预备措施应对可能出现的分歧和争论
	会议中	分项讨论议题，控制时间。保持客观立场，鼓励讨论
	会议后	让与会者清楚会议决定，将重要内容和决定告诉没有参加会议的人员，完成会议记录分发有关人员
	行动	根据会议决定，落实工作；突发情况可召开紧急会议或征询意见；及时告知居民工作进度
主持会议的技巧		①提问和邀请发言 ②进一步说明和转述 ③聚焦 ④摘要、综合和总结 ⑤关注、赞赏和鼓励

（三）居民骨干培养技巧（表1-6-18）

表1-6-18 居民骨干培养技巧

要点	内容
鼓励参与	社会工作中要善于发现居民骨干，主动邀请居民骨干参与组织工作，发挥"主人翁"精神，协助居民骨干建立自主和自立的意识
建立民主领导风格	社区工作者在发动居民参与的时候要积极培养居民骨干的民主意识，让居民骨干清晰理解民主原则
培训工作技巧	通过训练、示范、教导、亲身体验、角色扮演来提升居民骨干的能力，并教导人际关系、主持会议、组织、沟通、管理等多方面技巧
增强管理能力	对居民骨干的权责分工意识和管理能力进行强化

二、社区分析的技巧（表1-6-19）

表1-6-19 社区分析的技巧

要点			内容
收集社区资料的方法	文献分析法		收集社区的人口普查数据、地方志和政府资料、社区居委的工作资料、媒体和报道评论、其他个人和团体资料等
	观察法		到社区观察居民和社区环境情况
	访问法		通过与各类社区居民面对面谈话，深入了解社区的需要
	问卷调查法		通过发放问卷了解社区具体信息
	社区普查法		对社区每一个家庭进行调查研究
社区动力分析	社区系统分析	理念	按照社区内的个人、团体和组织的观念和价值观，发现社区的价值取向和主导思想

(续表1-6-19)

要点	内容		
社区动力分析	社区系统分析	目标	社区在一定时间内希望达到的效果
		构成	社区中重要的资源、团体、组织、单位和个人等
		资源	社区系统内的可以被开发的要素
		期望	某些问题上得到解决达到的结果和益处
		其他因素	包括社区系统中不同单位的活跃程度、发展程度、风格和领导的个人风格等
	社区互动分析	交换关系	系统各方能够互相分享资源以达到各自目标
		权力依赖关系	因需要对方的资源而形成的权力依赖，非互惠的交换关系
		授权式关系	基于法律、法规或财政资助而形成的不对等的从属、依附关系
		联盟式关系	多种组织共同联合完成某事和目标的关系
		竞争关系	系统各部分在某立场、价值观和利益上的冲突竞争关系
	社区动力的分析步骤		①列出社区内的个人、团体、组织、机构和他们的动机、取向、立场等 ②按照各自的功能和动力将单位划归不同类别 ③动态中观察各系统之间的关系和互动
社区资源分析	（1）社区资源分析表 ①人力资源情况 ②物力资源情况 ③财力资源情况 （2）社区资源地图 （3）社区资源档案		

三、活动策划与方案设计的技巧（表1-6-20）

表1-6-20　活动策划与方案设计的技巧

要点	内容
活动策划的过程	（1）掌握活动的基本目标 ①服务对象的特点 ②组织目的 ③问题解决过程 ④提升居民意识 （2）衡量服务对象的特点、需要和兴趣 （3）符合机构的宗旨和赞助团体的期望 （4）评估本身拥有的资源和可以动员的资源 （5）制订初步计划 ①订立具体目标

（续表1-6-20）

要　点	内　　容
活动策划的过程	②确定服务对象 ③设计活动形式 ④制订活动进度表 （6）评估可行性 （7）确立详细计划 （8）预期困难和解决办法
方案计划书的要素	①方案名称 ②缘起和依据 ③宗旨和目的 ④举办单位 ⑤实施时间 ⑥实施地点 ⑦工作人员 ⑧服务对象 ⑨工作内容和工作方法 ⑩预算经费 ⑪预期效果 ⑫预案

第七章 社会工作行政

本章知识体系

```
                   ┌ 社会工作行政  ┌ 社会工作行政的含义
                   │ 的含义与功能  │ 社会工作行政的特征与功能
                   │              └ 社会工作行政的一般程序
                   │
                   │ 社会服务      ┌ 社会服务策划的形式
                   │ 方案策划      └ 社会服务方案策划
                   │
                   │ 社会服务机构  ┌ 社会服务机构的性质和类型
社会工作行政 ─────┤ 的类型与运作  └ 社会服务机构组织结构及其运作
                   │
                   │ 社会服务机构  ┌ 志愿者的定义和志愿者管理的必要性
                   │ 志愿者管理    └ 志愿者管理的内容和过程
                   │
                   │ 社会服务机构的筹资方式
                   │
                   │              ┌ 社会工作督导的含义
                   │ 社会工作督导  │ 社会工作督导的对象与督导者
                   │ 的对象和内容  │ 社会工作督导的功能
                   │              │ 社会工作督导的内容
                   └              └ 有效督导的条件及要素
```

第一节 社会工作行政的含义与功能

一、社会工作行政的含义

社会工作行政属于社会工作间接的实务方法，是将社会政策转化为社会服务的过程。这个过程是双向的：一是将社会政策变为具体服务；二是积累经验，以建议修订社会政策。

二、社会工作行政的特征与功能（表 1-7-1）

表 1-7-1　社会工作行政的特征与功能

要　点	内　容
特　征	①价值导向性 ②目标、策略的不确定性 ③介入过程的持续动态性 ④资源运用协调性、合作性和依赖性 ⑤领导与管理者素质的综合性
功　能	（1）将社会政策变为社会服务行动 政策转换成可具体实施的行动方案，具有重要的规划功能 （2）合理运用资源，促进有效服务 通过统筹、组织、协调、监督等方面的管理，从而有效地配置各种资源 （3）总结社会政策的执行经验，提出修订建议 社会工作的实践来检验社会政策的合理性和可行性 ①合理性：符合社会福利的价值，有助于社会公平和社会进步 ②可行性：能够被贯彻落实 任何社会政策的合理调整都是在社会工作行政的基础上进行的

三、社会工作行政的一般程序

从过程视角看，社会工作行政程序涉及组织分析、方案策划、人力组织、效能发挥与资金运作及评估总结。

第二节　社会服务方案策划

一、社会服务策划的形式（表 1-7-2）

表 1-7-2　社会服务策划的形式

要　点		内　容
策划的分类		策划可以分为以下三大类： ①管制性策划：以监管行为为主，目的是减少偏差和保持统一行动 ②指导性策划：通过指导要求执行部门或下属发挥所长，是非强制性的 ③分配性策划：重点在于根据计划的标准来分配资源
社会服务策划的形式	战略性策划	需求评估→明确机构使命→预测→设计可行战略→选择机构的战略→将战略转换为服务方案目标→方案发展→评估

(续表1-7-2)

要点	内容	
社会服务策划的形式	方案发展策划	需求评估→目标制定→考虑机构的总目标→修订方案目标→探索可行方法→认识机构的局限性→选择可行性方法→方案活动的详细发展
	问题解决策划	认识现有问题→界定问题→探索可行的解决方法→认识各种可能的限制→选取解决方法→设计完整的计划→发展评估计划
	创新策划	认识特殊问题或状态→列出清楚的目标→收集创新的方法→为机构决策者提供资讯→考虑各方面的阻力→选择理想的方法→发展计划用作评估和拓展

二、社会服务方案策划

（一）社会服务方案策划的含义

用系统概念来表达，社会服务方案策划是：输入→方案执行过程→输出→效果。

社会服务方案策划是评估工作对象的需要，建立服务目标和选择最有效的策略，发展和动员所需资源，通过资源配置及服务组织的运作，达到服务效果的设计活动。

（二）社会服务方案的策划步骤和方法（表1-7-3）

表1-7-3 社会服务方案的策划步骤和方法

要点	内容	
问题的认识和分析阶段	问题认识和分析	问题认识主要是认识需要解决的社会问题，认识方法有如下两种： ①问题认识工作表：即何事、何时、何地、何人、为什么、如何解决（5W1H） ②分支法：先确定全面性问题，再列明形成这个问题的"明确问题"，最后再找出这些问题的具体原因
	需要评估	在确认问题后对人群进行细分，界定处于危险的人口、目标对象人口以及求助者或受影响的人口，服务方案一般只能对部分求助者或被问题影响最大的人群提供帮助
目标制定阶段	界定总目标和影响性目标	从目标人群中找出要介入提供服务的"求助者/受影响的人口"后，须制定要达到的总目标和影响性目标。影响性目标是社会工作干预所要达到的目标，可再细化为服务性目标
	建立目标的优先次序	目标优先次序的界定主要考虑的是可拥有和可动员的资源，以及服务对象的发展阶段与特点、机构的目标、问题紧急程度等
方案安排阶段		（1）制订各种可以实现目标的可行性方案 （2）选择理想的可行性方案 选用"可行性方案模型"筛理想方案，该模型有六个"筛选标准"： ①效率：方案投入和服务产出的比率 ②效果：方案实现目标的程度 ③可行性：实施方案达到成功的程度

(续表1-7-3)

要　点	内　容	
方案安排阶段	④重要性：方案是否为达到目标而必须推行 ⑤公平：方案能否公平地提供给有需要的人群 ⑥附加结果：方案中产生的意外效果，包括正面和负面效果 （3）决定资源需求和争取资源分配 在确定理想可行的方案后，就可以决定资源的总需求并进行资源争取工作。"经济上是否有效率""社会上是否接纳""政治上的可行性"是社会服务机构高层管理者决定是否采用服务方案时需要考虑的问题 （4）制订行动计划 在服务计划被批准执行后，必须将服务方案的目标分解成若干个具体可操作的执行目标，执行目标需有方法及其完成的服务内容	
考虑服务的评估	过程评估	关注方案进行过程中服务对象和人数的变化，服务方案中必须推行的服务项目的完成情况，资源使用情况，经费支出情况，是否按照预定的日期进行
	效果评估	主要测量方案实施后产生的效果

第三节　社会服务机构的类型与运作

一、社会服务机构的性质和类型

（一）社会服务机构的定义

社会服务机构是指由政府、社会团体或个人兴办的，通过社会福利从业人员（包括专业社会工作者、半专业的服务人员、辅助工作人员等）为特定的服务对象提供服务的非营利组织。

（二）社会服务机构的性质

（1）社会服务机构是非营利机构，经费主要来源于政府拨款、社会捐助或国际援助，宗旨是为服务对象谋取福利和促进社会进步，强调施与而不在意回报。

（2）社会服务机构强调社会使命和社会责任，一般都有明确的使命、宗旨、目标、服务重点、服务承诺和服务策略。

（3）社会服务机构的主要功能是提供福利服务，从业人员以社会工作者为主。

（三）社会服务机构的类型（表1-7-4）

表1-7-4　社会服务机构的类型

要　点	内　容
一般类型	①政府主管社会保障（福利）事务的行政机构 如我国民政部、人力资源和社会保障部等 ②从事公共服务、公益服务的机构

(续表1-7-4)

要点		内容
中国社会服务机构的类型	政府	主要有民政部、人力资源和社会保障部等
	群团组织	共青团、妇女联合会、工会、老龄工作委员会、残疾人联合会和红十字会
	社会公益类事业单位	①公益一类事业单位：主要承担政府规定的社会公益性服务任务，面向社会无偿提供公益服务，不能通过市场配置资源，如儿童福利院、社会救助站，属于传统意义上的全额拨款单位 ②公益二类事业单位：面向社会提供公益服务，根据国家确定的公益性目标，自主开展相关业务活动，并依法收取服务收入，如普通高等院校、非营利性医疗机构、街道层面的社区服务中心，属于传统意义上的差额拨款单位 ③公益三类事业单位：从事的业务具有一定公益属性，但社会化程度较高，与市场接轨能力较强，基本实现由市场配置资源的事业单位
	社会服务类民间组织	①由政府支持的民间组织：由政府支持成立的民间组织，但没有国家公共财政的固定拨款支持。如中华慈善总会、中国青少年发展基金会、中国扶贫基金会、中国社会工作协会 ②纯民间组织：完全依靠社会捐助和收费服务支持的社会服务机构。如服务智障人士的"北京慧灵"，服务自闭症儿童的"北京星星雨教育中心"，服务民工和打工者的"协作者文化传播中心"，服务妇女的"红枫妇女热线" ③契约型社会工作服务组织

二、社会服务机构组织结构及其运作（表1-7-5）

表1-7-5 社会服务机构组织结构及其运作

要点		内容
社会服务机构的组织结构类型	直线式组织结构	最简单的组织方式，组织由上而下分成若干层级，层级间只有直线和垂直关系。主管在其范围内有绝对的指挥权
	职能式组织结构	将职能部门权力化，在特定工作范围内，职能部门可以直接对其他管理人员下达命令
	直线参谋式组织结构	组织层级之间存在着水平和垂直的关系，而参谋作为专家有责任来协调直线部门的管理者。参谋的职权是主管授权的一种权力形式
社会服务机构的团队式结构	问题解决型团队	团队由同部门员工组成，以解决工作中的问题为导向
	跨专业团队	团队成员来自不同部门、不同专业，有可能因差异带来冲突，团队需时间磨合
社会服务机构的运作	授权	上级主管适当地把职权授予下属，授权内容包括授权任务、授予权力和对所授权要进行明确的限制

（续表1-7-5）

要　点	内　容	
社会服务机构的运作	协　调	将机构中各部门的活动化为一致性行动的过程，协调活动可以分为程序性协调和工作性协调 ①程序性协调 在制订机构的活动计划时，在时间、过程方面对不同部门、人员的相关活动进行合理搭配，使服务活动在进行过程中实现互助支持、互相配合，这种协调是在活动设计过程中进行的 ②工作性协调 在服务过程中，领导者去具体联系、调节各方面的行动，使它们相互配合活动
	沟　通	通过各种渠道传播消息、事实、观念、感觉和态度，来达到共同了解的活动。沟通在社会服务机构管理中扮演上情下达、下情上传、与同事协调、向公众交待的角色
	控　制	①确保行政实施计划的方向 ②授权管理，对员工的工作进程和绩效加以考核 ③发现错误，纠正偏差，减少冲突

第四节　社会服务机构志愿者管理

一、志愿者的定义和志愿者管理的必要性（表1-7-6）

表1-7-6　志愿者的定义和志愿者管理的必要性

要　点	内　容
志愿者的定义	志愿者指那些不计报酬，自愿到公立或志愿服务组织奉献，从事各种类型的社会福利服务的人们 志愿者包含四方面的"身份要素"： ①自愿 ②不计报酬 ③以具体的行动参与和投入 ④所作所为满足社会的需要
志愿者管理的必要性	①志愿服务机构的志愿工作越来越多，需要运用管理知识和技巧加以经营 ②减少志愿服务的负面效果 ③志愿者在奉献时间、知识和技能时，更重视自我的收获 ④志愿者参与志愿服务的方式与类型越发多元化

二、志愿者管理的内容和过程

1. 需要评估与方案规划（表1-7-7）

表1-7-7 需要评估与方案规划

要点	内容
志愿者评估	主要针对志愿者参与服务的动机进行分析 ①以自我为中心的动机 通过志愿者活动获得工作经验，学习技术；满足情感需要；避免孤独，填补心灵空虚；改变生活，体验新的生活方式和文化；自我形象满足，存有"善有善报"的念想；自我成长、发展、成熟；表现和证明自己的成就 ②以利他和社会为中心的动机 希望帮助别人、表达同情、宗教信仰
机构本身	一方面评估志愿服务所带来的收益，另一方面也要考虑风险因素
服务对象	①服务对象对志愿者是否接纳 ②志愿者的个人特征是否满足服务对象的需要

2. 工作发展与设计

撰写"志愿服务工作说明书"，帮助志愿者明确工作任务、技能和工作成果，规范志愿者的工作责任和权利，并作为评估志愿者的服务成效和机构志愿服务管理成效的依据。

3. 招募

散发招募传单和海报，联络各种组织。

4. 面谈与签约

对于特定的志愿服务工作，需要安排有一定技能要求的志愿者到合适的岗位服务。面谈正是选拔的一个程序，也是志愿者训练的一个准备。

5. 迎新说明与训练

（1）让志愿者认识志愿服务的意义。

（2）使志愿者获得技巧、知识，确保服务质量。

（3）提升服务信心，挖掘潜能。

6. 监督与激励

7. 奖励表扬

8. 评估

第五节　社会服务机构的筹资方式

社会服务机构的筹资方式（表1-7-8）

表1-7-8　社会服务机构的筹资方式

要点		内容
社会服务机构的资金来源	政府资助	一般通过购买服务和奖励来实现，奖励又分补助和协议合作
	社会捐助	个人、企业、基金会的慈善捐款
	商业交易	服务收费、出售商品的收益等
社会服务机构的筹资管理	捐助动机分析	（1）个人捐助动机 ①个人需要：建立自尊和自我肯定，得到别人肯定，有利于建立社会形象 ②外界影响：受亲戚、朋友、同事的影响而捐款 ③利他动机：雪中送炭、宗教观念等 （2）企业捐款动机 ①市场营销：捐款可带来新利益、新客户，在市场上占优势 ②公共关系：提升形象，赢得声誉，成为有社会责任感的企业 ③自我利益：捐款最终能令自己获利，支持社区工作可使当地员工工作环境变得更好 ④税法策略：进行合理避税 ⑤社会联谊：赢得社会的赞赏和认可
	社会服务机构的筹资方法	（1）项目申请 要想获得政府、基金会的支持，一般要写项目申请书 （2）私人恳请与电话劝募 ①私人恳请：注重私人性、注重人际关系的筹款方式 ②电话劝募：在紧凑的期间（通常2～4周）内密集电话拜访，传达筹资信息 （3）特别事件筹资活动

第六节　社会工作督导的对象和内容

一、社会工作督导的含义

专业训练的一种方法，由资深的社会工作者，对机构内新进入的工作人员、一线初级社会工作者、实习学生及志愿者，通过一种定期和持续的监督、指导，传授专业服务的知识与技术，以增进其专业技巧，进而促进他们成长并确保服务质量的活动。

二、社会工作督导的对象与督导者（表1-7-9）

表1-7-9 社会工作监督的对象与督导者

要点		内容
督导的主要对象		①新进入社会服务机构的社会工作者 ②服务年限短、经验不足的初级社会工作者 ③在社会服务机构实习的社会工作专业学生 ④社会服务机构的非正式人员，主要是志愿者
督导的类型	师徒式督导	强调一般议题的学习过程，督导者提供教育训练（师傅领进门），被督导者自己承担更多责任（修行在个人）
	训练式督导	强调一般议题的学习过程，被督导者被认为是学生或受教育者，督导者负责部分工作，督导者承担更多责任
	管理式督导	强调特殊议题的实务工作，督导者是被督导者的上级或主管，督导者承担更多的责任
	咨询式督导	强调特殊议题的实务工作，督导者是纯粹的咨询角色，被督导者自己承担更多责任，两者没有直接关系和责任

三、社会工作督导的功能（表1-7-10）

表1-7-10 社会工作督导的功能

	行政功能	教育功能	支持功能
关注点	组织管理的困难	知识技能上的不足	情感上的障碍
提供	渠道和资源，协助被督导者完成工作	工作需要的知识和技巧	心理方面和个别关系方面的支持
权力来源	地位、评价能力及惩罚能力	水平较高的专业知识及技巧	友情和关怀，正面的工作关系
强调	效率	胜任能力和称职	被督导者对机构的了解和正确的工作态度

四、社会工作督导的内容（表1-7-11）

表1-7-11 社会工作督导的内容

要点	内容
行政性督导的内容	①招募和选择社会工作者 ②安置和引导工作人员 ③工作计划与分配 ④工作授权、协调与沟通 ⑤工作监督、总结和评估 ⑥督导者扮演多种角色：包括缓冲器、倡导者、机构变迁推动者
教育性督导的内容	①教导有关"服务对象群"的特殊知识 ②教导"社会服务机构"的知识

(续表1-7-11)

要　点	内　　容	
教育性督导的内容	③教导有关"社会问题"的知识 ④教导有关"工作过程"的知识 ⑤教导有关"工作者本身"的知识 ⑥提供专业性"建议和咨询"	
支持性督导的内容	（1）社会工作者最常面临的压力来源 ①来自服务对象的压力 ②来自工作的压力 ③来自机构的行政压力 ④来自社会对社会工作认识的压力 （2）缓解压力、提升士气的督导原则 ①充分认识把握被督导者的特性因素 ②善于激励、催化，妥善处理冲突紧张的关系 （3）支持性督导的工作内容 ①疏导情绪 ②给予关怀 ③发现成效 ④寻求满足	
志愿者的督导	志愿者督导的目的	①协助志愿者认识和明确志愿服务的价值 ②协助志愿者了解清楚机构和组织的功能与价值 ③评估志愿者的服务结果，提出意见
	志愿者督导的功能	志愿者督导一般由机构分管志愿者工作的专职人员或者资深志愿者担任 ①行政性督导功能——培养有效的志愿者 ②教育性督导功能——提高志愿者的工作能力 ③支持性督导功能——对志愿者工作给予支持和关怀

五、有效督导的条件及要素

（1）督导方式具有结构性。（表 1-7-12）

表 1-7-12　督导方式具有结构性

要　点	内　　容
督导结构模式	①个别督导模式 ②个案咨询模式 ③小组督导模式 ④同事督导模式 ⑤协力督导模式 ⑥团队督导模式
结构性	体现为组织科层性、行业监督的程序性、督导过程性及临床治疗现场的结构性介入

（2）督导进行需要持续定期。
（3）督导者的态度保持前后一致。
（4）个案导向。
（5）评估检讨。（表1-7-13）

表1-7-13 评 估 检 讨

要点	内容	
督导效果	生产力增加	督导者指导下属顺利完成期待目标
	服务质量控制	满足受助者需求，所实施的服务与方案、政策相符合
	士气提升	提高下属的归属感和满足感
	教育过程	提升下属的知识、技巧和工作水平
督导者绩效的评估准则	①制定工作者手册作为指导 ②制定合理的工作绩效标准 ③创造有利的工作环境 ④能有效激励员工	

第八章 社会工作研究

本章知识体系

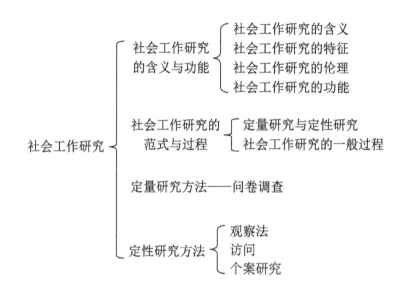

第一节 社会工作研究的含义与功能

一、社会工作研究的含义（表1-8-1）

表1-8-1 社会工作研究的含义

要　点		内　　容
含　义		社会工作研究是研究者依托专业伦理和研究伦理，使用社会研究方法，收集和分析与社会工作有关的资料，获取知识和发现知识及事实的过程
核心要素	主　体	研究的实施方
	研究对象	研究针对的对象
	目　标	研究针对的事实和现象
	伦　理	研究遵守社会工作的伦理
	方　法	使用定量研究和定性研究

二、社会工作研究的特征

（1）主要研究对象是弱势群体及其议题。
（2）采用社会工作视角。
（3）恪守社会工作伦理和社会研究伦理。
（4）旨在促进实务，提升理论，推进福利。
（5）研究者多重角色，可以是资料的收集者、分析者和结果应用者。

三、社会工作研究的伦理（表1-8-2）

表1-8-2 社会工作研究的伦理

要　点	内　容
信守研究选题的伦理	①注意研究的正当性，只有有必要研究的问题才是有意义的和被认可的 ②研究的经费合理合法，保证研究的客观性和科学性 ③社会工作研究应该注重实务性
恪守社会工作的伦理	社会工作研究也是社会工作的一种，研究的时候也要注意社会工作原则
遵守社会研究的伦理	社会工作研究也是社会研究的一种，要遵循社会研究的伦理。不能使用欺骗手段获取资料，研究应该得到被研究者的知情同意，保持价值中立，不给研究者带来危险和伤害，对被研究者的隐私进行保密，研究的成果应该公开

四、社会工作研究的功能

社会工作研究的功能可以体现在对"人""环境"和"专业"三个方面：
（1）提升服务对象的整体福利。
（2）促进宏观场景的总体优化。
（3）协助社会工作专业的多元增能。

第二节　社会工作研究的范式与过程

一、定量研究与定性研究

（一）基本概念（表1-8-3）

表1-8-3 基本概念

要　点	内　容	
定量研究	定　义	定量研究基于实证主义方法论，在严格设计的基础上，采用定量测量工具，收集量化资料，并对此进行统计分析。定量研究的主要目的在于揭示和描述社会现象的相互关系。问卷调查和实验研究是定量研究的常用方法

(续表1-8-3)

要点		内容
定量研究	实证主义方法论	由孔德于19世纪三四十年代提出。实证主义方法论认为，社会科学研究对象和自然科学一样，拥有内在的、必然的、可重复的规律，它们是可以被认识的、概括的，可以通过客观计量的方法进行研究
定性研究		定性研究主要以反实证主义和建构主义为方法论基础 实证主义方法论强调社会现象的客观性和外部原因，主要体现自然主义倾向，忽视"人"的因素及历史、文化因素。反实证主义偏重于构成主观经验现象的主观因素或内因，强调从主观因素理解行为，否认客观认识的可能性。建构主义不认同存在唯一的、不变的客观事实，事实是研究双方的价值互动而达到的生成性理解 相对于定量研究，定性研究注重具体独特的现象，收集和分析非数字化资料，描述回答者所经历现实的含义、特征、隐喻等，探索社会关系，从而对个体进行理解、阐述和深度描述

（二）定量研究与定性研究的特点（表1-8-4）

表1-8-4 定量研究与定性研究的特点

	定量研究	定性研究
研究者与研究对象的关系	排除研究者对研究对象的影响，研究者被视为外人，研究过程中应保持价值中立	将自然情境作为资料源泉，融入情境当中所需时间多，研究者尽量让被研究者视其为自己人，研究过程中应站在对方立场
研究和理论的关系	主要进行演绎推理，研究根据某理论而建立研究假设，通过数据分析的方法来验证研究假设，是一种理论检验	不一定应用假设理论进行，是一种理论建构
研究策略	文献回顾、实地探索→提出问题→研究假设→收集资料→分析资料→验证假设	根据实际情况，并运用观察、访问等方法将资料收集起来，并在此过程中进行领悟，使其研究进一步得到修改、完善和深化
资料特性	量化资料	描述性资料
结果范围	结果具有一般性，研究结论在随机抽样时可以推论	结果仅仅反映对象的情况

（三）适用范围（表1-8-5）

表1-8-5 适用范围

要点	内容
定量研究	适用于研究问题已有大量资料、资料收集相对容易、需要探讨变量关系，或宏观层面的大规模的调查等场合
定性研究	适用于不熟悉的社会系统、无权威和不受控制的场景

二、社会工作研究的一般过程

(一) 定量研究的一般过程(表1-8-6)

表1-8-6 定量研究的一般过程

要　点	内　容
研究准备	1. 确定研究问题的必要性、创造性、可行性 2. 提出研究假设：对两个变量之间的关系进行假想设定 3. 进行研究设计 （1）确定研究类型，明确研究方法 （2）研究操作化 （3）制订研究方案 ①确定研究的问题、目标和意义 ②确定研究方法：研究方法、研究对象、测量工具、描述资料的收集和分析技术 ③安排经费使用、物资分配和研究进度等事项 ④其他方面：研究报告框架、测量工具和参考文献等
资料收集	①挑选合适的调查员 ②对调查员进行培训 ③督导调查员的资料收集工作 ④问卷回收、审核与指导 ⑤抽查回收问卷
资料整理	编码，并将资料输入电脑
资料分析	①明确不同指标和变量层次 ②进行描述统计 ③进行推论统计
研究总结	说明研究所得，对研究发现的特殊现象和没有验证的假设，提出尝试性解释，最后提出相关对策和建议

(二) 定性研究的一般过程(表1-8-7)

表1-8-7 定性研究的一般过程

要　点	内　容
研究准备	①确定研究对象（数量、性质） ②确定分析单位（个人、组织、社区、服务项目或事件） ③选择收集资料的方法（观察、访问、个案研究等）
资料收集、整理及分析	定性研究中，资料的收集、整理和分析往往结合在一起 ①进入现场，建立工作关系 ②收集和记录资料 ③整理资料、建立档案 ④分析与收集的互动
研究总结	定性研究的总结旨在提炼出某个概念、变量乃至理论，提出相关对策和建议，最终形成研究报告

（三）报告撰写（表 2-8-8）

表 2-8-8 报 告 撰 写

要 点	内 容
报告撰写 的基本原则	①标题与内容呼应 ②资料编写符合逻辑，全面完整 ③定量研究资料与定性研究资料结合 ④风格朴实积极
研究报告 的一般结构	①标题 ②引论 ③研究问题、目标和意义 ④文献综述 ⑤研究方法 ⑥研究发现 ⑦讨论和建议 ⑧附录 ⑨参考文献
社会工作实务 研究报告 的基本机构	根据实务阶段的对象，社会工作研究报告可以分为： （1）需求评估报告：与研究报告结构类似 （2）项目方案书和项目总结报告 ①项目方案：突出项目目标、工作模式、实务内容、经费、时间进度等部分 ②项目总结：突出服务效果、讨论和建议等部分

（四）成果应用

成果应用是社会工作研究与其他研究的最大不同。

（1）研究者要利用多种渠道发表研究结果，以使研究结果发挥最大社会效应，促进社会工作专业和职业的积极发展。

（2）研究者要根据研究结果和建议，形成具体的工作方案。

第三节 定量研究方法——问卷调查

定量研究方法——问卷调查（表 1-8-9）

表 1-8-9 定量研究方法——问卷调查

要 点	内 容
问卷的类型	①自填问卷 ②访问问卷

(续表1-8-9)

要点	内容
问卷的结构	①标题 ②封面信：在问卷的开头向被调查者说明研究者的身份、研究目的和内容、对象选择方法、保密原则等，需要署名研究单位 ③指导语：说明回答问题的细节和要求 ④问题和答案：问卷有态度、行为和状态三种类型 ⑤编码 ⑥其他：问卷编号、被访人联系方法、访问员签名和感谢语等
问卷设计的原则	①较高的可信度与效度 ②考虑研究类型或研究目的 ③以回答者视角为主 ④保证操作可行性
问卷设计的步骤	①探索性研究 ②设计问卷初稿 ③试用和修改 ④定稿和印制
问题和答案	设计问题和答案应注意如下技术要领： ①关注问题特性 ②注意语言表达 ③数量时间适当 ④注意问题排序
问卷资料收集	在进行问卷访问前，必须确定访问对象，并完成访问员的选拔培训、工具准备等相关工作
评价	优点：匿名访问，有利于获得真实的信息；收集了较多人的资料有利于中和个别极端问题；便于大批量收集数据，节省资源 缺点：对调查员和受访者素质要求较高，某些问卷如无当面指导和记录，质量可能难于保证

第四节 定性研究方法

一、观察法（表1-8-10）

表1-8-10 观察法

要点	内容
概念	社会工作者利用感觉器官和其他手段收集研究对象的相关资料
观察类型	①根据观察者是否融入被观察群体，分为参与观察和非参与观察 ②根据过程控制程度，分为结构式观察和非结构式观察 ③根据观察者与被观察者的接触程度，分为直接观察和间接观察

(续表1-8-10)

要点	内容		
观察准备	观察准备包括问题、思想、身体、知识、心理、计划等几个方面		
观察内容	5W1H因素：Who、What、Where、When、Why、How（谁？是什么？在哪里？什么时候？什么原因？怎么做？） 人的因素：涉及认知、情感和行为 环境因素：家庭、非正式网络、正式网络、媒体		
观察记录	最好征得研究对象知情同意当场记录或录音，如不能则及时做好事后记录 尽可能地记录观察的全貌，按照观察对象事件发生的顺序记录，关注细节 除记载所见所闻外，最好还能记录观察者的感受，对事件的反应和思考等 记录应使用具体的、清楚、无歧义的描述性语言；方式上可采用空间地图与时间地图等		
评价	优点	简便易行，容易发现隐秘的资料，丰富资料的广度和深度	
	缺点	应用范围有限，有时会出现"观察者偏差"	

二、访问（表1-8-11）

表1-8-11 访问

要点	内容	
访谈的类型	①根据接触程度分类：直接访问、间接访问 ②根据被访者人数分类：个别访问、集体访问 ③根据访问指引分类：结构式访问、无结构式访问	
常用形式	①非正式会话式访问：无预定主题，随意交谈，自由发挥。资料分析缺乏系统性 ②引导式访问：事先预备访问框架，访问时依情境决定问题顺序，方便系统性整理，但可能忽略重要内容 ③标准化开放式访问：对问题内容有事先规划，受访者按标准化字句与顺序回答，资料收集易但弹性极小	
深度访问	研究者与研究对象多次面对面进行交谈，了解研究对象的生活、经历和状况，访问由浅入深，可较深入地了解研究对象的特定经历和动机，体现个别化。常应用在个案和小组工作中	
焦点小组	将若干对象集中在一起同时进行访问。访问过程不仅是访问者和被访问者的互动，也是被访问者之间的互动，常应用在小组工作中 人数：10人左右 重要原则："不批评"，敏感问题不适用	
评价	适用于实地研究尤其个案研究	
	优点	适应面广、弹性大、可获得较深入的资料
	缺点	访问员要求素质较高，且不便涉及敏感性问题

三、个案研究(表1-8-12)

表1-8-12 个 案 研 究

要 点	内 容	
概 述	研究者针对单个对象(如家庭、团体、机构、组织、社区等)的行为或问题进行探索研究;个案研究一般用于寻找原因、提出策略、建构理论、协助发展和提升绩效	
特 点	①凸显研究的"对象"维度 ②手段和资料多元化 ③研究步骤不甚严格 ④资料详尽深入	
评 价	优 点	针对个案有全面的深入了解;可以澄清概念和确定变量,为实证研究做准备;有助于进行探索性研究;个案的资料全面而且深入,有利于客观分析研究对象的问题、需要和原因等,有利于提出针对性方案
	缺 点	人力成本高,研究时间长;难以补充数据;样本少,缺乏代表性;研究结论不能推论

第九章 社会政策与法规

本章知识体系

社会政策与法规
- 社会政策的目标、功能及其与社会工作的关系
  - 社会政策的含义和特征
  - 社会政策的目标
  - 社会政策的功能
  - 社会工作在社会政策制定与实施过程中的作用
- 我国特定人群的社会政策法规
  - 老年人合法权益的主要内容及保障方式
  - 妇女合法权益的主要内容及保障方式
  - 未成年人合法权益的主要内容及保障方式
  - 残疾人合法权益的主要内容及保障方式
- 我国特定领域的社会政策法规
  - 婚姻家庭政策法规
  - 社会救助政策法规
  - 劳动就业政策法规
  - 医疗保障政策法规

第一节 社会政策的目标、功能及其与社会工作的关系

一、社会政策的含义和特征（表 1-9-1）

表 1-9-1 社会政策的含义和特征

要点	内容
缘起	最早可追溯至 1601 年英国《伊丽莎白济贫法》。19 世纪 80 年代后期，德国制定了大量的社会保险法案，标志着政府大规模介入福利领域的开始，而社会政策也成为重要的介入手段
含义	社会政策是指政府在一定社会价值的指导下，为达到某种社会性的目标而采取的社会性行动的总和
特点	①社会性的目标 ②社会性的价值 ③福利性的原则 ④社会服务与社会治理相结合 ⑤基本需要原则 ⑥社会目标与经济目标相结合

二、社会政策的目标

（1）满足社会成员的基本需要，提高社会生活质量。
（2）解决社会问题，维护社会稳定。
（3）维护社会公平，促进社会整合与社会进步。

三、社会政策的功能（表1-9-2）

表1-9-2　社会政策的功能

要　点	内　　容
社会功能	①收入再分配功能 ②社会投资和建设功能 ③社会控制功能
经济功能	①人力资本投资功能 ②调节经济运行功能 ③激励劳动积极性功能
政治功能	①社会治理功能 ②调节各群体利益矛盾功能 ③增强执政党执政基础和维护政治稳定的功能

四、社会工作在社会政策制定与实施过程中的作用（表1-9-3）

表1-9-3　社会工作在社会政策制定与实施过程中的作用

要　点		内　　容
社会政策与社会工作的关系	在历史发展过程中的关系	①起源具有相同的背景 ②相似的社会目标 ③相互融合，成为共同过程和制度的两个不同方面
	在当代社会中的关系	（1）差异和分工 主要体现在社会政策和社会工作具体的行动内容和方式不同。社会政策由政府调用公共资源，向民众提供基本保障；社会工作由基层社会工作者为有需要的人们提供具体的服务 （2）相同性和关联性 ①共同的目标：满足人民特别是困难群体基本的需要，解决社会问题和维护社会公平 ②共同的原则：以社会公平、社会关照为基本原则，以福利性原则运行 ③同属于一个国家的社会福利制度体系 ④功能上相互依赖、相互促进
社会工作者在社会政策制定与实施过程中的角色		政策倡导者：在政策制定的过程中提出意见和建议 政策实施者：把社会政策转化为具体的社会服务，帮助民众更好地了解社会政策

第二节　我国特定人群的社会政策法规

一、老年人合法权益的主要内容及保障方式（表1-9-4）

《中华人民共和国老年人权益保障法》于1996年通过并颁布，于2012年修订，是保障老年人合法权益的重要依据。

表1-9-4　老年人合法权益的主要内容及保障方式

要点		内容
主要内容	获得家庭赡养与抚养的权利	①享受家庭赡养的权利；获得基本需要满足的权利。经济供养、生活照料和精神慰藉的义务 ②扶养与监护义务 ③婚姻自由权 ④财产所有权与继承权 ⑤赡养协议 ⑥家庭养老政策支持
	获得社会保障的权利	①社会保险 ②护理保障 ③社会救助 ④住房保障 ⑤社会福利 ⑥社会扶养
	获得社会服务的权利	发展城市养老设施，大力发展居家养老，加强养老机构的建设，繁荣养老服务消费市场
	获得社会优待的权利	社会服务优待、法律服务优待、医疗服务优待、公共服务优待
	获得宜居环境的权利	①宜居环境规划 ②宜居环境建设
	参与社会发展的权利	①尊重老年人意见 ②为老年人参与社会发展创造条件 ③维护老年人收入和劳动安全 ④开展老年人教育 ⑤丰富老年人精神文化生活
保障渠道和方式		①政府部门保护 ②司法保护 ③社会组织保护

二、妇女合法权益的主要内容及保障方式

(一) 妇女合法权益 (表1-9-5)

《中华人民共和国妇女权益保障法》规定,妇女依法享有与男子平等的以下权益不受侵害:

表1-9-5 妇女合法权益

要　点	内　容
政治权	与男子平等的选举权与被选举权,依法参与国家、经济、文化和社会等事务的管理 实现形式:全国人民代表大会和地方各级人民代表大会中应当有适当数量的妇女代表;任用干部时,应坚持男女平等原则
文化教育权	①监护人必须保障女性儿童少年义务教育权利 ②政府、社会、学校有责任采取有效措施保障女童的入学 ③保障妇女从事文化教育活动时,享有与男性平等的权利
劳动和社会保障权	妇女在岗位录用、薪酬、晋职、晋级、专业技术职务评定等各方面享有与男子平等的权利 妇女在经期、孕期、产期、哺乳期受特殊保护,任何单位不得以此为由,辞退女职工或单方面解除劳动合同
财产权	①妇女合法地拥有在婚姻、家庭中的共有财产 ②享有与男子平等的财产继承权,丧偶妇女对公、婆尽了主要赡养义务的,作为公、婆的第一顺序法定继承人,其继承不受子女代位继承的影响 ③丧偶妇女有权处分继承的财产,任何人不得干涉 ④妇女在农村承包经营、集体经济、组织收益分配、土地征收或征用补偿费使用,以及批准宅基地方面与男子享有平等权利
人身权	包括人身自由权、生命健康权、肖像权、名誉权、荣誉权和隐私权等
婚姻家庭权	包括婚姻自主权、生育权、家庭财产权、子女监护权

(二) 妇女合法权益的保障方式

(1) 主管部门保护。
(2) 司法保护。
(3) 妇女组织、工会组织、共青团组织保护。

三、未成年人合法权益的主要内容及保障方式

(一) 权益内容 (表1-9-6)

对于未成年人的合法权益,《中华人民共和国未成年人保护法》明确规定未成年人享有生存权、发展权、受保护权、参与权和受教育权。

表1-9-6 权益内容

要　点	内　容
生存权	国家保障每个未成年人平等的生存权利,禁止对未成年人实施家庭暴力,禁止虐待、遗弃未成年人,禁止溺婴和其他残害婴儿的行为,不得歧视女性未成年人或者有残疾的未成年人

(续表1-9-6)

要　点	内　　容
发展权	父母或监护人有责任为未成年人提供确保未成年人发展所需的生活条件
受保护权	依法接受来自家庭、社区、社会组织和全体社会的特别爱护，使其免受可能遇到的伤害
参与权	参加与其能力相适应的社会生活和与其自身利益相关的社会活动的权利
受教育权	未成年人享有接受法定义务教育的权利

（二）未成年人合法权益的保障方式

1. 家庭保护
（1）监护和抚养。
（2）关爱与引导。
（3）教育培养。
（4）民主尊重。
2. 学校保护
3. 社会保护
（1）创造良好的社会文化环境。
（2）维护受教育权。
（3）为未成年人提供多样化的活动场所。
（4）为未成年人提供丰富健康的文化产品。
（5）预防网络成瘾。
（6）提供安全的消费和娱乐产品。
（7）净化未成年人的生活环境。
（8）为未成年人实施特殊的劳动保护。
（9）尊重未成年人的隐私。
（10）保护未成年人的人身与生命安全。
（11）为特殊需要的未成年人提供社会救助。
（12）加强卫生保健与预防疾病。
（13）支持鼓励发展幼儿教育。
（14）保护未成年人的智力成果与名誉权。
（15）对完成义务教育不再升学的未成年人提供职业教育。
4. 司法保护
（1）及时审理侵害未成年人合法权益的案件。
（2）提供法律援助或司法救助。
（3）保护未成年人的继承权和受遗赠权。
（4）依法强化父母或监护人的监护与抚养责任。
（5）案件审理应当照顾未成年人身心发展特点。
（6）对违法犯罪的未成年人，实行教育、感化、挽救的方针，坚持教育为主、惩罚为辅的原则。

（三）未成年人不良行为和犯罪的预防和矫治
（四）孤儿和流浪未成年人的保护和安置

四、残疾人合法权益的主要内容及保障方式

（一）残疾人合法权益的主要内容（表 1-9-7）

表 1-9-7 残疾人合法权益的主要内容

要点	内容
康复权	鼓励社会力量兴办康复机构，开展康复训练活动，培养专业人才，组织和扶持残疾人康复器械的研制
教育	义务教育与特殊资助，根据残疾人的特性施教，投资建设或鼓励社会建设残疾人教育机构，提供残疾人普通教育、特殊教育和成人教育，培养、培训特殊教育师资，丰富残疾人教育辅助手段
劳动就业	提供合适的残疾人就业方式，促进残疾人就业，并且建立完善的保护残疾人就业机制，通过各种渠道对残疾人进行就业培训，提高其劳动技能
文化生活	残疾人在文化生活方面享有与正常人平等的权利，各级政府对残疾人参加各种文化、体育、娱乐活动应该予以鼓励，为丰富残疾人精神文化生活积极创造条件
社会保障	①社会保险 ②社会救助 ③"三无"残疾人供养 ④残疾人公共服务
环境友好权	①建设和改造无障碍设施 ②信息交流无障碍 ③公共服务无障碍 ④政治参与无障碍

（二）保障方式

（1）加强立法，完善残疾人法律、法规体系。
（2）加强保障残疾人权益的法制宣传工作。
（3）用法律手段保障残疾人的合法权益，加强执法监督检查和视察。
（4）开展法律服务和法律援助，维护残疾人合法权益。

第三节 我国特定领域的社会政策法规

一、婚姻家庭政策法规

为了规范和调整婚姻家庭关系,我国于2013年修订的《中华人民共和国婚姻法》(以下简称《婚姻法》),对婚姻家庭关系做出了规定。

(一)结婚的规定(表 1-9-8)

表 1-9-8 结婚的规定

要 点	内 容
结婚的必备条件	①结婚必须男女双方完全自愿,不许任何一方对他方加以强迫或任何第三者加以干涉 ②必须达到法定婚龄。男不早于22周岁,女不早于20周岁,晚婚晚育应予以鼓励
结婚的禁止条件	有如下情况之一的,禁止结婚: ①直系血亲和三代以内的旁系血亲 ②患有医学上认为不应当结婚的疾病
结婚登记	结婚的男女双方必须亲自到婚姻登记机关进行结婚登记。符合规定的,予以登记,发给结婚证,即确立夫妻关系。未办理结婚登记的,应当补办登记 登记结婚后,根据男女双方约定,女方可以成为男方家庭的成员,男方也可以成为女方家庭的成员
婚姻无效	有如下情况之一的,婚姻无效: ①重婚的 ②有禁止结婚的亲属关系的 ③婚前患有医学上认为不应当结婚的疾病,婚后尚未治愈的 ④未到法定婚龄的

(二)家庭关系的规定

1. 夫妻关系(表 1-9-9)

表 1-9-9 夫 妻 关 系

要 点	内 容
夫妻的人身关系	①夫妻双方都有独立使用自己姓名的权利 ②夫妻双方都有参加生产、工作、学习和社会活动的自由 ③夫妻双方都有实行计划生育的义务
夫妻财产关系	我国现行的夫妻财产制是法定财产制与约定财产制相结合,在法定财产制中是共同财产制与个人特有财产制相结合 (1)法定财产制 夫妻在婚姻关系存续期间所得的下列财产,归夫妻共同所有: ①工资、奖金

(续表1-9-9)

要点	内容
夫妻财产关系	②生产或经营的收益 ③知识产权的收益 ④继承或赠予所得的财产 ⑤其他应当归共同所有的财产 夫妻双方对共同所有的财产,有平等的处理权 下列财产不属于共同财产的范围: ①夫妻各有的婚前财产 ②一方因身体受到伤害获得的医疗费、残疾人生活补助费等费用 ③遗嘱或赠予合同中确定只归夫或妻一方的财产 ④一方专用的生活用品 ⑤其他应当归一方所有的财产 (2)约定财产制 夫妻可以就婚姻关系存续期间所得的财产以及婚前财产做出约定,以排除夫妻共同财产制的适用。约定应当采用书面形式
夫妻相互扶养的权利与义务	夫妻之间有如下相互权利与义务: ①相互尊重 ②相互忠诚,禁止有配偶者与他人同居 ③相互扶养的义务和相互继承遗产的权利

2. 亲子关系

(1) 父母对子女有抚养教育的义务,子女对父母有赡养扶助的义务。

①父母不履行抚养义务,未成年的或不能独立生活的子女有要求父母付给抚养费的权利。

②子女不履行赡养义务,无劳动能力的或生活困难的父母有要求子女付给赡养费的权利。

(2) 禁止溺婴、弃婴和其他残害婴儿的行为。

(3) 子女可以随父姓,也可以随母姓。

(4) 父母有保护和教育未成年子女的权利和义务。

(5) 在未成年子女对国家、集体或他人造成损害时,父母有承担民事责任的义务。

3. 祖孙和兄弟姐妹关系

(1) 有负担能力的祖父母、外祖父母,对于父母已经死亡或父母无力抚养的未成年的孙子女、外孙子女有抚养义务。

(2) 有负担能力的孙子女、外孙子女,对于子女已经死亡或子女无力赡养的祖父母、外祖父母有赡养义务。

(3) 祖孙是第二顺序的继承人。

(4) 有负担能力的兄、姐,对于父母已经死亡或父母无力抚养的未成年的弟、妹有抚养义务。

(5) 由兄、姐抚养长大的并有负担能力的弟、妹,对于缺乏劳动能力又缺乏生活来源的兄、姐有抚养义务。

(6) 兄弟姐妹是第二顺序的法定继承人。

（三）离婚的规定（表1-9-10）

表1-9-10　离婚的规定

要　　点		内　　容
离婚的方式		①自愿离婚 ②诉讼离婚 男女一方要求离婚的，可由有关部门进行调解或直接向人民法院提出离婚诉讼。人民法院审理离婚案件应当进行调解；如感情确已破裂，调解无效，应准予离婚
离婚的条件		①重婚或有配偶者与他人同居的 ②实施家庭暴力或虐待、遗弃家庭成员的 ③有赌博、吸毒等恶习屡教不改的 ④因感情不和分居满两年的 ⑤其他导致夫妻感情破裂的情形 ⑥一方被宣告失踪，另一方提出离婚诉讼的，应准予离婚
离婚后的父母子女关系	离婚后父母与子女间的关系	父母与子女间的关系，不因父母离婚而消除。离婚后，子女无论由父或母直接抚养，仍是父母双方的子女。离婚后，父母对于子女仍有抚养和教育的权利、义务
	离婚后子女的抚养费用	离婚后，一方抚养的子女，另一方应负担必要的生活费和教育费的一部分或全部。负担费用的多少和期限的长短，由双方协议；协议不成时，由人民法院判决。关于子女生活费和教育费的协议或判决，不妨碍子女在必要时向父母任何一方提出超过协议或判决原定数额的合理要求
	离婚后子女的探视	离婚后，不直接抚养子女的父或母有探望子女的权利，另一方有协助的义务 "另一方有协助的义务"是指随子女共同生活的一方，应提供必要的条件，使对方的探望权得以实现，不得无故予以阻止或设置障碍，否则要承担相应的法律责任
离婚后夫妻财产的处理		①离婚时，夫妻的共同财产由双方协议处理；协议不成时，由人民法院根据财产的具体情况，照顾子女和女方权益的原则判决 ②夫或妻在家庭土地承包经营中享有的权益等，应当依法予以保护 ③夫妻书面约定婚姻关系存续期间所得的财产归各自所有，一方因抚育子女、照料老人、协助另一方工作等付出较多的义务的，离婚时有权向另一方请求补偿，另一方应当予以补偿 ④离婚时，原为夫妻共同生活所负的债务，应当共同偿还。共同财产不足清偿的，或财产归各自所有的，由双方协议清偿；协议不成时，由人民法院判决 ⑤离婚时，如一方生活困难，另一方应从其住房等个人财产中给予适当帮助，具体办法由双方协议；协议不成时，由人民法院判决

(四)救助措施的规定(表1-9-11)

表1-9-11 救助措施的规定

要点	内容
家庭暴力与虐待的救助	①实施家庭暴力或虐待家庭成员,受害人有权提出请求,居民委员会、村民委员会及所在单位应当予以劝阻、调解 ②对正在实施的家庭暴力,受害人有权提出请求,居民委员会、村民委员会应当予以劝阻,公安机关应当予以制止 ③实施家庭暴力或虐待家庭成员,受害人提出请求的,公安机关应当依照治安管理处罚的法律规定予以行政处罚
对被遗弃的家庭成员的救助	①对遗弃家庭成员,受害人有权提出请求,居民委员会、村民委员会以及所在单位应当予以劝阻、调解 ②对遗弃家庭成员,受害人提出请求的,人民法院应当依法做出支付抚养费、扶养费、赡养费的判决

二、社会救助政策法规(表1-9-12)

表1-9-12 社会救助政策法规

要点		内容
概述		按照救助类型,社会救助政策法规可以划分为: ①困难群众基本生活救助政策法规 ②专项救助政策法规 ③临时救助政策法规
城乡居民最低生活保障制度	最低生活保障制度对象资格	户籍状况、家庭收入和家庭财产是认定低保对象的三个基本要件。持有当地常住户口的居民,凡共同生活的家庭成员人均收入低于当地低保标准,且家庭财产状况符合当地规定的,可以申请低保
	城乡低保的申请和审核	①申请:由户主向户籍所在地的街道办事处或者乡镇人民政府提出书面申请,并出具有关证明材料 ②低保申请者的家庭经济状况调查 ③低保申请的民主评议 ④审批:由其所在地的街道办事处或者镇人民政府初审,并将有关材料和初审意见报送县级人民政府民政部门审批。接到申请人提出申请之日起30日内办结,不符者书面通知 ⑤低保动态管理
医疗救助政策法规	救助对象	(1)城市医疗救助对象: ①城市居民最低生活保障对象中未参加城镇职工基本医疗保险的人员 ②已参加医保,但个人负担仍较重的人员和其他特殊困难群众 (2)农村医疗救助对象: ①五保户和贫困户家庭成员 ②地方政府规定的其他符合条件的贫困农民

(续表1-9-12)

要　点	内　容	
医疗救助政策法规	救助形式	（1）城市医疗救助形式 在扣除医保支付、单位报销和社会帮困后，个人负担超过一定金额的医疗费用给予一定比例或数量的补助 （2）农村医疗救助形式 ①开展新型农村合作医疗的地区，资助其参与合作医疗；享受保险待遇的，经合作医疗补助后个人负担医疗费用过高，影响家庭基本生活的，再给予适当的医疗救助 ②未开展新型农村合作医疗的：个人负担医疗费用难以承担、影响家庭基本生活的，给予适当医疗救助 ③补助特种传染病的救治费用
流浪乞讨人员救助政策法规	救助对象	生活无着的流浪乞讨人员，具体指因自身无力解决食宿，无亲友投靠，又不享受城市最低生活保障或农村五保供养，正在城市流浪乞讨度日的人员
	救助形式	政府应设立流浪乞讨人员救助站，实施临时性社会救助措施
	救助内容	①提供符合食品卫生要求的食物 ②提供符合基本条件的住处 ③对在站内突发疾病的及时医治 ④帮助联系亲属或单位 ⑤对没有交通费返回的提供坐车凭证

三、劳动就业政策法规

（一）劳动关系的相关规定（表1-9-13）

表1-9-13　劳动关系的相关规定

要　点	内　容	
劳动就业规定		①国家采取措施促进就业 ②平等就业和自主择业 ③照顾特殊和困难群体 ④禁止招用未满16周岁的未成年人
劳动合同规定	订立原则	平等自愿、协商一致，以书面形式订立
	效　力	违反法律法规的，或采取欺诈、威胁手段订立的，视为无效劳动合同
	内　容	必备条款应该包括劳动合同期限、工作内容、劳动保护和劳动条件、劳动报酬、劳动纪律、劳动合同终止的条件、违反劳动合同的责任等义务条款。约定条款包括试用期条款（最长不超过6个月）和保守商业秘密条款
	解　除	劳动合同的解除方式包括协商解除和法定解除。禁止用人单位解除劳动合同的情形包括： ①患职业病或因公负伤并被确认丧失或部分丧失劳动能力

(续表1-9-13)

要点	内容	
劳动合同规定	解除	②患病或者负伤，在规定的医疗期内 ③女职工在孕期、产期、哺乳期内的 ④法律、行政法规规定的其他情形
工作时间规定		（1）每日工作时间不超过8小时，平均每周工作时间不超44小时 （2）休假 ①法定节假日 ②年休假（连续工作1年以上，享受带薪年休假） ③产假（女职工生育享受不少于98天的产假） ④婚丧假 （3）延长工作时间限制 ①怀孕7个月以上或有哺乳未满1周岁婴儿的女职工，不得安排延时工作 ②延长工时每日不超过1小时，每月不超过36小时 ③支付不低于工资的150%的报酬，休息日不低于200%，法定节假日300%
工资保障规定		劳动者在与用人单位建立劳动关系后，在法定工作时间内提供了正常劳动的，其所在的用人单位应支付不低于最低工资标准的工资

（二）失业保险的相关规定（表1-9-14）

表1-9-14 失业保险的相关规定

要点	内容
申领条件	①失业保险金缴费满1年 ②非因本人意愿中断就业的 ③已办理失业登记并有求职要求的
停止领取情形	①重新就业 ②应征服兵役 ③移居境外 ④退休养老 ⑤被判收监执行 ⑥无正当理由的，拒不接受指定部门或机构介绍的工作 ⑦其他情形
领取期限	①缴费时间1～5年的，最长12个月 ②缴费时间5～10年的，最长18个月 ③缴费时间10年以上，最长24个月 ④重新就业的，缴费时间重新计算，领取期限可与上次未领取期限合并，但不超过24个月

(三）工伤保险政策法规（表 1-9-15）

表 1-9-15　工伤保险政策法规

要　点	内　容
可认定为工伤的情形	①在工作时间、场所内，因工作原因受到伤害；因履行工作职责受到暴力伤害 ②工作时间前后在工作场所内，从事与工作有关的工作受到事故伤害的 ③患职业病的 ④因工外出期间，由于工作原因受到伤害或发生事故下落不明的 ⑤上下班途中，受到非本人主要责任的交通事故伤害 ⑥法律、行政法规认定的其他情形
被视同为工伤的情形	①工作时间工作岗位突发疾病死亡或 48 小时内抢救无效 ②在抢险救灾等维护国家利益、公共利益活动中受伤 ③已取得革命伤残军人证后到用人单位旧病复发
不得认定或视同为工伤的情形	①犯罪伤亡 ②醉酒或吸毒导致伤亡 ③自残或自杀的

（四）劳动争议政策法规

四、医疗保障政策法规

（一）城镇职工基本医疗保险制度（表 1-9-16）

表 1-9-16　城镇职工基本医疗保险制度

要　点	内　容
覆盖范围	城镇所有用人单位及职工
缴费办法	①用人单位和职工共同负担 ②用人单位缴费率：职工工资总额 6% 左右 ③职工缴费率：本人工资收入 2%
基本医疗保险基金	①保险基金由统筹基金和个人账户构成。两者分别核算，不得挤占。个人缴纳全部入个人账户，单位缴纳 30% 入个人账户 ②统筹基金起付标准：当地职工年均工资的 10% ③统筹基金最高支付额：当地职工年均工资的 4 倍

（二）新型农村合作医疗制度（表 1-9-17）

为了保障新型农村合作医疗制度的实施，我国在 2003 年和 2006 年分别颁布了《关于建立新型农村合作医疗制度的意见》和《关于加快推进新型农村合作医疗试点工作的通知》。

表 1-9-17　新型农村合作医疗制度

要　点	内　容
筹资标准	实行个人缴费、集体扶持、政府资助相结合的筹资机制

(续表1-9-17)

要　点	内　容
筹资标准	2015年开始，各级财政对新农合的人均补助标准在2014年的基础上提高60元，其中中央财政120元，260元部分按照西部地区80%和中部地区60%的比例进行补助，个人缴费120元
新型农村合作医疗的资金使用与管理的规定	①规定了专人专账规范管理。管理者为农村合作医疗管理委员会及其经办机构；设立合作医疗专用账户；建章立制，按规定筹集、及时审核拨付合作医疗基金 ②规定了资金筹集的方式：农民缴费和集体支持资金存入专用账户，地方政府资金直接划拨到基金专用账户，中央财政补助中西部的专项资金，根据合作医疗人员状况和资金到位情况，由财政部划拨省级财政 ③规定了合作医疗基金主要用于大额医疗费用或住院医疗费用的补偿 ④加强对农村合作医疗基金的监管：行政监督，社会监督，审计监督

第二编

社会工作实务

第一章 社会工作实务的通用过程

本章知识体系

社会工作实务的通用过程
- 接案
  - 接案的步骤及核心技巧
  - 接案的注意事项
- 预估
  - 预估的目的和任务
  - 预估的基本步骤与过程
- 计划
  - 服务计划的构成
  - 制订服务计划的原则
  - 制订服务计划的方法
- 介入
  - 介入的概述和分类
  - 介入的原则
- 评估
  - 评估的目的
  - 评估的两大类型
  - 评估的常见方法
  - 评估的注意事项
- 结案

第一节 接 案

一、接案的步骤及核心技巧

了解服务对象为什么需要求助和服务对象的求助过程，初步评估服务对象所面临的问题，决定是否接案，并订立初步协议。其中，了解服务对象的来源和类型是一项重要的工作。

（一）接案前的准备（表 2-1-1）

表 2-1-1 接案前的准备

要 点		内 容
了解服务对象的来源和类别	了解服务对象的来源	主动求助、他人介绍或其他机构转介、社会工作者外展发现
	确定服务对象的类型	自愿型服务对象、非自愿型服务对象
	了解现有服务对象，挖掘潜在服务对象	现有服务对象：通过求助、转介或外展而来的正在接受服务的服务对象 潜在服务对象：未来可能需要服务而现在尚未使用和接受社会工作服务的服务对象
	了解服务对象的求助过程	服务对象到社会工作机构求助通常有不同的问题和不同层次的需求，对其进行足够的了解有助于日后工作的开展。通常服务对象是在尝试自己解决问题不果后，将求助作为最后选择
做好会谈的准备并拟定初次会谈提纲	服务对象资料的准备	了解服务对象基本资料、是否接受服务、身体健康状况，走访社区了解服务对象及其环境，是否有特殊事项需要处理等
	拟定会谈提纲	介绍自己和自己的专业服务领域；简述会谈目的，双方的责任与角色；介绍机构的功能与服务和相关规则流程等；征询服务对象对会谈安排的意愿和对服务提供方的期望；询问是否存在紧急事宜需要处理和协助

（二）会谈（表 2-1-2）

表 2-1-2 会 谈

要 点		内 容
确定会谈目的和安排会谈场所		选择合适会谈的场所有利于工作的开展，会谈时与服务对象位置最好保持 90～130 度夹角和 1～1.5 米的距离
会谈的主要任务		①界定服务对象的问题 ②澄清双方的角色期望和义务 ③激励并促进服务对象进入角色 ④促进、诱导服务对象态度和行为的改变 ⑤达成初步协议 ⑥决定服务工作的进程
会谈的技巧	主动介绍自己	①向服务对象说明接案目的 ②介绍机构的目标和服务 ③介绍自己的工作经验和工作专长 ④介绍自己对求助行为的观点等 以上过程有助于消除服务对象对服务的担心与不安，使他们有效地进入受助者的角色

(续表2-1-2)

要点		内容
会谈的技巧	沟通	"事实性"沟通：在沟通过程中了解服务对象的问题和需要，对服务对象的问题进行探讨，对社会工作机构的功能进行沟通，澄清社会工作者的角色的看法和期望 治疗性沟通：在倾听的时候要注意沟通是带有治疗性的，意思是会谈是以引导和促进对方态度和行为有所改变为目的的，而非闲聊，非单纯获取信息的聊天
	倾听	①倾听包括通过身体语言和态度所传达的关注 ②倾听需要设身处地地感受，要听出"弦外之音" ③倾听时不仅要"听"，还要有"参与" ④倾听技巧还应做到的五个方面：不对服务对象所说的观点和态度进行批评；不对服务对象所说的问题进行是非判断；尊重服务对象的思想、言行和现状；敏锐地发现来访者的情感、态度和矛盾；会谈以服务对象为中心
收集资料	资料收集的范围和内容	服务对象个人资料、身体情况、服务对象的特点与能力、服务对象所处的社会环境等
	收集资料的主要方法	向服务对象及相关人进行询问、咨询专业权威人士、对服务对象进行观察、查询服务对象相关档案记录、问卷调查和家访等
做接案会谈记录		多采用记叙性记录，内容包括会谈目的和过程、总体的评估和后续建议等，格式如下： ①首页，包括服务对象的个人信息，与其他重要人物的关系 ②知情同意书，介绍机构提供的服务，列明双方责任和伦理守则

二、接案的注意事项

（1）如遇到自杀、受虐待、暴力、离家出走等情况，需要紧急介入。
（2）权衡自己和机构是否有能力处理问题，考虑是否需要转介。
（3）决定解决问题的先后顺序。
（4）保证服务对象所要求的服务在机构的业务范围之内。

第二节 预 估

一、预估的目的和任务（表 2-1-3）

表 2-1-3 预估的目的和任务

要点	内容
概念	预估是收集资料和认定问题的工作过程，即社会工作者把一切和服务对象有关的资料有意义地组织起来并发现其问题和需求的专业实践活动

(续表2-1-3)

要点	内容
任务	①识别服务对象问题的客观因素：包括案主的背景、身处的环境、问题持续的时间和案主所作的努力 ②识别服务对象的主观因素：案主对问题的感受和态度 ③识别服务对象问题的成因和使问题延续的因素 ④识别服务对象及环境的积极因素：优势视角 ⑤决定服务方式和内容

二、预估的基本步骤与过程（2-1-4）

表 2-1-4 预估的基本步骤与过程

要点	内容
探究问题 （社会工作者 对问题的 客观描述）	①描述问题及需要：与案主说明工作中将处理的问题和确定案主需求 ②描述问题发生过程：根据收集的资料向案主客观描述问题成因 ③描述服务对象处境及周围系统：向案主阐述客观处境和资源系统等 ④探究原因：分析案主看法、案主处理方法及对资源和政策的使用 ⑤描述服务对象的生命历程及发展阶段 ⑥鉴定服务对象的资源状况
分析服务对象 的资料并做出 预估摘要	（1）对问题和需求做出解释 （2）确定解决问题的目标及先后顺序 （3）决定介入策略 （4）撰写预估摘要 ①预估服务对象自身系统的问题 ②预估服务对象家庭系统的问题 ③预估服务对象社会系统的问题

第三节 计 划

一、服务计划的构成（表 2-1-5）

服务计划的构成主要包括三大方面：目的和目标、关注的问题与对象、如何介入。

表 2-1-5 服务计划的构成

要点	内容
服务目的 和目标	①目的：指介入工作总体要达到的方向，质的指标 ②目标：指具体的工作指标
需解决的问题	社会工作者和服务对象共同认定的问题
如何介入	①方法：个案工作、小组工作、社区工作 ②行动：危机干预、心理辅导、安置服务、经济援助

二、制订服务计划的原则

（1）专业原则：详细、具体，尊重服务对象意愿。
（2）计划原则：服务对象参与，计划与工作的总目的、宗旨相符合。

三、制订服务计划的方法（表2-1-6）

表2-1-6　制订服务计划的方法

要点	内容
设定服务的目的和目标的步骤	①确定服务对象的需要和问题 ②对服务目的进行说明 ③双方协商恰当的目标 ④目标重在服务对象的改变和成长，陈述要易于理解 ⑤目标可测量、可操作，具现实性 ⑥双方讨论目标的可行性和利弊 ⑦确定问题解决的先后顺序
制订行动计划	选择介入系统：个人、家庭、小组、社区和宏观社会系统 选择介入行动：危机干预、资源整合、经济援助、安置服务

第四节　介　入

一、介入的概述和分类（表2-1-7）

表2-1-7　介入的概述和分类

要点	内容
概述	介入即社会工作者深入服务对象的社会环境和网络中进行干预的专业工作过程
介入的种类	从介入的形式来看，介入可以分为直接介入、间接介入和综合介入 ①直接介入：直接面向个人、家庭和群体采取行动 ②间接介入：社会工作者以较大较宏观的社会系统为关注对象，由社会工作者代表服务对象采取行动，通过介入其他系统间接帮助服务对象 ③综合介入：根据社会生态理论，从"人在环境中"的视角出发，社会工作者关注介入的两个焦点：一是人的适应能力，二是环境和社会对人的回应。社会工作者综合使用直接介入和间接介入工作，促进服务对象和其环境的综合改变

二、介入的原则（表2-1-8）

表2-1-8　介入的原则

要　点	内　容
以人为本、服务对象自决	社会工作要坚持以人为本的原则，工作需要从服务对象的角度和利益出发，并且尽可能地让服务对象参与。由服务对象自己对问题做出决策和决定，会使服务对象有更强烈的愿望去承担责任和完成任务
个别化	不同的服务对象有不同的差异，介入工作千差万别，只有针对服务对象系统的特殊性采取合适的介入行动，才能有助于解决问题
尊重特点和差异	社会工作中会遇到不同的服务对象，包括个人或家庭或群体，介入应当注意服务对象的当前发展阶段和特点
同盟原则	与服务对象相互合作和支持，而非服务对象或社会工作者单一面对问题，以减少介入的阻力
任务导向原则	介入应当围绕着介入目标而开展
经济效益原则	以最小的成本投入获得最有效的改变结果

第五节　评　估

一、评估的目的

（1）考查计划中目的和目标的完成程度。
（2）总结经验、改善工作、提高水平。
（3）验证当前工作方法是否有效。
（4）进行社会工作研究。

二、评估的两大类型（表2-1-9）

表2-1-9　评估的两大类型

要　点	内　容
过程评估	过程评估是对服务过程每一步骤进行的监测评估，关注的是社会工作过程如何促成最终的介入结果
结果评估	相对而言，结果评估就是评估与服务对象协商好的问题是否得到了解决，服务对象的社会功能是不是得到相应增强

三、评估的常见方法（表2-1-10）

表2-1-10　评估的常见方法

要点		内容
基线测量	含义	指根据基线期（介入之前测量的情况）和介入期（介入后的测量情况）的数据对比，对社会服务做出评估
	应用范围	个人、家庭、小组或者社区工作，对比工作前后变化
	操作步骤	①建立基线：确定介入目标、选择测量工具、介入前测量 ②对介入后的结果进行测量 ③将介入前测量和介入后测量结果进行分析比较
利用对服务对象的影响进行评估	对服务对象满意度进行评估	服务对象口头或书面对社会工作介入效果进行评分
	差别影响评分	服务对象自我陈述自己的变化，区分出哪些是介入带来的变化，哪些是其他因素影响的变化
对任务完成情况进行评估		对工作中服务对象的目标和具体任务进行评分。可以利用等级评分进行测量，再计算总体服务完成的情况和百分比
目标实现程度的评估		①利用目标核对表进行评估：利用与服务对象协商好的服务目标清单对介入前后的行为进行评估 ②个人目标尺度评估：社会工作者与服务对象协商制定个人化的评估测量尺度，然后通过等级尺度进行测量

四、评估的注意事项

（1）评估是对工作的小结，社会工作者在评估中要注意自我评估与反思。
（2）让服务对象积极参与评估过程，让服务对象总结改变，提高其积极性。
（3）评估的方法和工作价值相匹配，并注意评估工作的保密。
（4）评估切合实际工作需要。

第六节　结　案

结案（表2-1-11）

结案意指社会工作者根据服务对象的情况结束本次服务。

表 2-1-11 结 案

要点	内容	
结案任务	（1）总结工作 （2）巩固已有改变 ①回顾工作过程 ②强化案主已经发生的改变 ③给予案主积极支持 （3）解除专业工作关系 （4）撰写结案记录	
结案的类型	①计划目标实现 ②服务对象不愿意继续接受服务 ③服务对象的需求已经超出了机构的能力和业务范围 ④社会工作者或服务对象身份发生变化	
处理不良反应	结案不良反应	结案的时候应该特别留意案主产生的离别焦虑等负面反应。 离别焦虑一般出现以下几种情况： ①否认已经获得的进步和问题的解决 ②回复到以前的状态，以拖延结案 ③抱怨社会工作者，怀疑社会工作者 ④情绪低落，充满抑郁 ⑤愤怒社会工作者没有完成工作
	结案不良反应的处理	社会工作者可采取如下方法应对： ①结案前与服务对象回顾工作过程，确定结案时机是否成熟 ②提前让服务对象知道结案时间，做好心理准备 ③逐渐减少与服务对象接触 ④预估可能的破坏因素，为服务对象提供资源网络 ⑤安排正式的结案仪式，让服务对象分享感受与收获

第二章　儿童社会工作

本章知识体系

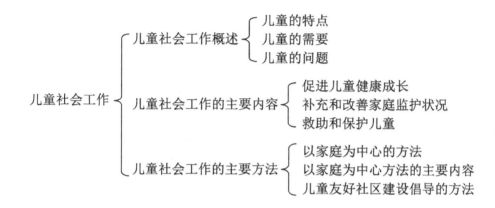

第一节　儿童社会工作概述

一、儿童的特点（表2-2-1）

表2-2-1　儿童的特点

要　点		内　容
社会属性的特点		①儿童期是人一生的基础 ②儿童是每一个家庭的基础 ③儿童是社会发展的基础
成长发展的特点	快速性	生长发育快，身体变化大
	阶段性	儿童的发展具有年龄特征，每阶段有稳定的特点
	顺序性	儿童的身体和社会心理发展具有一定的发展顺序
	不均衡性	儿童身体发育在出生后第一年和青春期较快，身体各系统发育速度也不一样
	个体差异性	每个儿童受到不同的环境和遗传影响，身心发展的速度和特征各不一样
	分化和互补性	儿童的身心发展会出现具体的分化，但总体上会出现互补的特点

二、儿童的需要

（1）生存的需要。
（2）发展的需要。
（3）社会化的需要。
（4）受保护的需要。

三、儿童的问题（表2-2-2）

表2-2-2 儿童的问题

要 点		内 容
儿童生存的问题	新生儿健康问题	我国2010年的新生儿死亡率仍有13‰，新生儿残疾率高，重男轻女观念影响大
	儿童营养问题	农村儿童营养问题严峻，城市儿童存在营养过剩问题
	儿童户籍问题	由于父母疏忽或其他原因导致儿童户籍产生问题，其他福利也受影响
儿童发展面临的问题	贫困的问题	贫困直接威胁到儿童的生存，还会影响儿童的健康、教育机会
	家庭监护的问题	家庭是儿童成长的重要环境，家长监护的缺失影响儿童的发展
	受教育的问题	我国经济落后地区儿童辍学情况严重，贫困是主要成因
儿童保护的问题		①儿童遗弃的问题：我国弃婴问题严重，每年约10万名 ②儿童遭受体罚和肢体虐待的问题 ③儿童被性侵的问题 ④儿童被忽视的问题 ⑤儿童被拐卖的问题

第二节 儿童社会工作的主要内容

一、促进儿童健康成长

（一）传播儿童健康成长的概念和知识（表2-2-3）

表2-2-3 传播儿童健康成长的概念和知识

要 点	内 容
母婴保健服务	儿童社会工作并非直接为父母提供医学服务，而是协助父母处理照料事务，保障医疗服务产生良好效果，包括婚前保健和孕产期保健服务等

(续表2-2-3)

要点	内容		
母婴保健服务	婚前保健服务	婚前卫生指导	关于性知识、生育知识和遗传病的教育和宣传
		婚前卫生咨询	针对婚姻和生育保健提供医学意见
		婚前医学检查	推荐准备结婚的男女双方到医院进行婚前检查
	孕产期保健服务	母婴保健指导	就健康孕育后代提供意见
		孕妇、产妇保健	为孕妇、产妇提供营养、心理、卫生等方面的指导和保健服务
		胎儿保健	为胎儿健康发育提供咨询和医学指导
		新生儿保健	为新生儿生长发育、哺乳和护理等提供服务
婴儿早期喂养理念和实践	社会工作者可以和医疗人员合作向新生儿父母提供关于婴儿早期喂养的教育服务。包括： ①母乳喂养的概念 ②影响母乳喂养的因素：母亲、家庭、社会和婴儿等 ③母乳喂养的好处 ④母乳喂养技术指导 ⑤母乳喂养方案 ⑥婴幼儿辅食添加		
幼儿早教	向幼儿的父母和家庭提倡早教及指导早教活动。包括： ①关于早教的知识及其开展的可能性 ②关于幼儿大脑可塑性的知识 ③关于智力开发的关键期的知识 ④早教的类别：婴儿中心类型、家长中心类型和兼顾型 ⑤早教的方法：环境刺激、游戏、示范、提问等 ⑥早教的内容：根据儿童发展的阶段特点进行安排		
亲职教育	亲职教育即是对儿童的父母和家庭传播科学育儿理念，提供育儿实践指导和咨询工作。包括： ①科学的育儿观念：儿童的权利、现代儿童观 ②科学的育儿知识：儿童生理学、发展心理学、教育学、社会行为发展等知识 ③科学的育儿技能：观察、沟通、引导和教育的技能		

（二）提供家庭支持（表2-2-4）

表2-2-4 提供家庭支持

要点	内容
亲职辅导	为家长提供的关于如何做好父母亲角色的指导和教育工作

(续表2-2-4)

要点	内容
婚姻辅导	针对有儿童的夫妻提供婚姻指导和教育，为儿童健康成长创造有利条件
家庭辅导	以家庭为单位，改善家庭成员关系，为儿童的成长创设良好环境
亲子关系辅导	以儿童及其父母为对象，消除双方矛盾和隔阂的专业指导和治疗活动

（三）开展儿童支持服务（表2-2-5）

表 2-2-5　开展儿童支持服务

要点		内容
儿童问题辅导		针对儿童提供辅导服务，处理儿童问题，促进儿童发展
儿童的娱乐和休闲		包括球类运动、购物、旅行、登山、阅读、看电影、同伴聊天等
儿童的社会化引导	自我认同	即自我同一性，是一个人心理人格健康发展的重要基础
	技能学习	指学习除了学业以外的生活技能，包括人际交往技能、时间管理技能、理财技能等
	团队精神	学会与他人合作，克服困难以达到共同目标
	社会责任	指个人对他人心理上和感觉上的伦理关怀和义务

二、补充和改善家庭监护状况（表 2-2-6）

表 2-2-6　补充和改善家庭监护状况

要点		内容
补充和改善经济状况	连接现有政策资源	通过政策资源改善家庭经济环境，使儿童成长获得经济保障
	困境儿童父母就业援助	为困境儿童父母提供就业辅导服务，如提供就业信息和职业技能的培训，改善家庭经济条件
补充和改善家庭监护状况	亲职教育	为亲职不当的父母提供指导和意见，矫正父母不当育儿观念，改善亲职状况
	课后服务	学校放学而父母未有空闲时间照料儿童的时候，提供儿童托管服务

三、救助和保护儿童

指为失去家庭监护或者不适宜在家庭监护的儿童提供替代性的家庭监护服务。

（一）儿童收养服务

根据我国法律而进行的儿童收养，使没有父母子女关系的人们产生拟制的法律意义上的父母子女关系，保障儿童顺利成长。社会工作者所能提供的服务包括为儿童寻找合适的收养家庭，满足儿童成长需要，关注领养父母和子女之间的情感关系的建立。工作流程步骤基本如表2-2-7：

表2-2-7 儿童收养服务工作流程基本步骤

步骤	内容
送养儿童信息发布	根据儿童的需要和特点，将需要送养的儿童的信息进行公布，通过公开渠道寻找合适的收养家庭
收养家庭招募	通过法律程序征集有收养意愿并且符合条件的家庭
收养家庭评估	对潜在收养家庭进行实地走访、信息收集，对收养家庭的家庭环境、成员互动、育儿知识等进行了解，确定家庭是否适合收养儿童
收养家庭培训	为准备收养的家庭讲解收养意义、收养程序和收养经验等，并确定收养意愿
送养儿童与收养家庭适配	为双方创造接触机会，观察、分析双方互动，匹配双方为儿童找到最合适的家庭
办理收养手续	协助收养家庭在相关政府单位完成领养程序，确定法律领养关系
送养儿童进入收养家庭	协助儿童进入新的家庭环境和重建人际关系
收养后跟踪回访	通过回访收养后的家庭了解儿童的生活状况，确保儿童适应收养家庭。如发现儿童保护方面的问题，需要立刻终止收养
评估结案	定期回访收养家庭，如评估结果良好则可以结案

（二）家庭寄养服务

家庭寄养服务是指经过规定的程序，将永久或临时缺失家庭监护的儿童委托其他家庭照料养育的照料模式。与收养情况不一样，寄养儿童的监护权在机构，户籍在原来的福利机构，寄养家庭仅提供家庭环境。基本程序如表2-2-8：

表2-2-8 家庭寄养服务基本程序

要点		内容
寄养家庭招募	评估、筛选和统计寄养儿童	通过评估儿童的身心状况，了解其是否适合送到寄养家庭进行生活。符合寄养条件的儿童条件如下： ①智力正常，但身体有残疾，无康复需要 ②智力正常，有疾病，但目前不能确定是否能治愈 ③智力正常，但身体有残疾，且有清晰不烦琐的康复需求 ④智力偏低，有简单交流能力，身体健康 ⑤智力偏低，有简单交流能力，但有疾病或残疾，需要定期治疗 ⑥等待完成收养手续的儿童
	公布寄养家庭招募信息	此环节需要做的包括： ①确定寄养家庭的数量 ②拟定寄养家庭条件 ③开展寄养家庭招募信息宣传

(续表2-2-8)

要点		内容
寄养家庭招募	筛选合格家庭	①接受申请：通过多种途径接受有能力、有意愿的家庭的申请 ②筛选申请：根据儿童的需要和公布的条件对申请者进行筛选
评估申请合格家庭	评估流程	①了解评估对象：对申请家庭的核心成员、家庭环境和动机进行评估 ②多途径了解信息：通过走访寄养家庭，访谈村委会或居委会了解信息 ③综合评估：对申请家庭中各人的情况进行综合评估
	评估方式	问卷调查、实地走访、观察、电话访谈及面对面访谈等多种方式
	评估结果	通过评估申请家庭的情况判断家庭是否适合提供寄养服务，主要判断两方面内容：是否符合国家对寄养家庭的条件；是否符合福利机构对照料寄养儿童的条件要求
	撰写评估报告	呈现整个评估过程
寄养家庭培训		对可以提供寄养服务的家庭筛选完备之后，应该对寄养家庭进行培训，让寄养家庭了解寄养的相关事项和儿童具体情况。具体如下： ①了解儿童寄养的意义：社会工作者向寄养家庭说明儿童寄养的意义和重要性 ②了解寄养家庭的责任：寄养家庭有义务照料儿童的生活起居、寻医问药、教育学习，并且尊重儿童权利 ③了解寄养家庭的权利：寄养家庭有权从政府获取儿童的生活费、医疗费、教育费和照料劳务费，获得政府的相关培训和指导，以及必要的法律帮助 ④寄养儿童的共性特点 ⑤寄养儿童的个别特点 ⑥增进寄养意愿
儿童与寄养家庭适配		经过培训的寄养家庭和福利机构需要寄养的儿童进行匹配，让寄养双方互相了解和增进感情。完成匹配工作后，双方签订寄养协议
儿童家庭寄养跟踪和评估服务		负责寄养儿童工作的机构定期到寄养家庭回访，了解寄养状况并对家庭监护状况和儿童生活、成长情况进行评估
儿童家庭寄养服务结案		寄养服务结束一般有三种情况：儿童年满18周岁转入成人社会福利机构；未满18周岁之前，被寄养家庭收养；未满18周岁之前，被其他家庭收养

（三）机构养育服务

除了家庭收养和家庭寄养以外，对于家庭监护缺失的儿童还可以选择机构养育服务，也称为集体养育或者院舍养育。机构养育是社会工作者在专业价值观指导下，运用专业方法，为院内适合集体养育的儿童提供集体养育的安置服务。机构养育的对象大多是病残弃婴或者孤儿。

第三节　儿童社会工作的主要方法

一、以家庭为中心的方法（表2-2-9）

表 2-2-9　以家庭为中心的方法

要点		内　容
家庭中心方法的定义		面向儿童生活的家庭和社区，以儿童获得最佳照顾和保护为目的，开展的提升照顾儿童和保护儿童的技能，改善社区儿童安全环境的社会工作专业实务方式
方法要素	以家庭为单位	社会工作者联合家庭成员，和每一位成员建立关系
	聚焦家庭功能	社会工作者通过教授知识和技巧，提升家庭照料儿童的能力，发挥家庭功能
	家庭全程参与	在儿童社会工作服务中家庭全程参与
	建立良好关系	社会工作者与家庭各成员能够互相信任、互相尊重、沟通良好
	连接资源网络	社会工作者帮助家庭连接社区支持网络
方法理念		儿童最好的成长环境是家庭，儿童社会工作需要联合家庭来保障儿童的安全和健康成长，发挥家庭功能和给予家庭支持。具体的内容如下： ①儿童应该在安全和自由的环境下成长，不受虐待和忽视 ②对儿童最好的应该是原生家庭的紧密关系，其次是稳定的亲属家庭，最后才是寄养家庭和收养家庭 ③任何家庭都需要他人、社区和社会支持 ④家庭有改变的能力，这需要对家庭有足够的支持 ⑤保障儿童的安全，建立紧密的家庭关系需要政府的服务和社区共建
实务原则		（1）儿童安全和健康第一原则：工作和服务计划的制订和落实需要把儿童的安全和健康放在第一位 （2）服务中了解原则：社会工作者可以在服务中了解家庭和儿童的情况 （3）平等原则：儿童和家庭服务对象不应该因语言、教育、发育和宗教的原因受到不同的对待 （4）避免创伤原则：任何家庭都有改变的可能，应该尽量避免亲子隔离创伤 （5）寄养家庭只是临时的照料方式，应该尽量短暂 （6）儿童在家庭外照料的时间应该尽量简短，最好有父母照料并且得到支持 （7）如果家庭不具备照料功能，应该尽量安排儿童获得永久性的照顾服务或安排领养

(续表2-2-9)

要　点	内　容
实务原则	（8）家庭外照料的安置儿童需要获得以下保障： ①能够与原来关系亲密的相关人士保持联络，如其他亲人能够照顾儿童则尽量安排 ②安置环境应该避免儿童受到对成长不利的影响 ③安置服务应该以合法为原则，以有利于儿童发展为出发点

二、以家庭为中心方法的主要内容（表2-2-10）

表2-2-10　以家庭为中心方法的主要内容

要　点	内　容		
以家庭为单位，在社区开展家庭监护评估，筛选风险家庭	以家庭为单位，对社区内的家庭进行评估筛查，内容主要包括三个方面：儿童健康成长环境、家长监护能力和家庭社区环境		
	儿童健康成长评估内容	健康状况	儿童的健康包括了身体健康和心理健康两个方面，应该了解儿童身体发展、卫生情况、人际交往、医疗保健、疫苗接种、体育运动等方面的信息
		教育状况	了解儿童的社交、游戏、学习、阅读习惯和对未来的打算等状况
		情绪和行为培养状况	了解儿童对事物的情绪反应，情绪行为特点应该符合年轻特征
		身份认同的状况	了解儿童的自我概念，包括自我认识、自我评价和自我认同
		获得建立关系的能力状况	儿童有建立自己社交圈子的能力
		公共形象呈现的状况	评估儿童在公共场所表现出的形象是否得体、符合年龄特点、尊重他人和保护隐私等
		自我照顾的技能	儿童对自我的照料能力是身心成长的综合结果，是健康成长的基础
	家庭监护能力的监测和评估	基本生活照顾的能力	父母是否能为儿童提供基本的生存保障
		安全保障能力	父母在对儿童的照料中是否能够提供最起码的安全保障
		情感传递能力	评估父母是否具备正确教导孩子情感表达的能力
		提供认知刺激能力	评估父母对儿童的智力发展能不能提供足够的认知刺激，包括交流、鼓励、调动积极性和应对挑战等
		指导培养儿童社会生活的能力	父母能否通过榜样作用指导儿童学会约束和管理自己的行为

(续表2-2-10)

要点	内　　容		
家庭监护能力的监测和评估	家庭监护能力的监测和评估	保持稳定持久人际关系的能力	评估父母能否教导儿童在人际交往中保持关系
	综合环境的监测和评估	家庭社会历史	了解家庭中是否有重大的历史事件对孩子产生影响
		扩展家庭	了解家庭周边和与家庭亲密接触的相关人士对家庭和儿童的影响程度
		住房条件	居住环境是儿童生存的基本保障，也能够提供一定的家庭收入情况信息
		父母就业状况	评估父母的就业状况有助了解家庭收入和对孩子的教育投入情况
		家庭收入	家庭收入直接影响父母或者监护人对孩子的监护能力
		家庭的社会融入	邻里关系状况、家庭的社会融入状况是父母或监护人监护能力的综合体现
		利用社区资源情况	社区资源是父母在养育儿童时可以利用的资源
评估结果分析	以家庭为中心方法的评估分析是置身儿童生活的家庭和社区中对其成长的安全、持久性和连续状态的考察，具体包括以下框架：		
	安全情况		儿童在社区和家庭未受到忽略和虐待，儿童处于安全的环境当中
	环境状况		儿童的生活环境安定和持久，儿童相关的人际关系稳定
	健康状况		家庭能够满足儿童成长的各项需要，儿童身心发展的需要得到满足，儿童获得教育的需要能够被满足
组建家庭工作团队	筛选出来的风险家庭组成家庭团队，成员应该包括家庭中的父母、亲戚、邻里、朋友、医生、教师和合适年龄的儿童等。通过不同的视角得到不同的看法和观点，使得家庭的不同需要获得满足，同时建立互相之间的关系，确定团队工作机制		
开展家庭团队工作	通过家庭团队的沟通和会议，探讨各自家庭面临的问题，提高家庭处理问题的能力，需要完成的步骤包括： （1）界定儿童伤害的家庭风险类型和程度 （2）挖掘所有与家庭相关的可以获得支持的社会网络和资源，制订家庭服务计划 （3）家庭工作团队根据评估结果挖掘家庭应对儿童问题的优势、技能和迫切需求等 （4）制订服务计划应该注意的事项： ①计划中应该包括家庭监护状况改变的长期目标和短期目标 ②计划中的期望、动力和效果均以家庭的需要和优势为基础，具有可实现性 ③所有家庭监护服务均以有利于儿童为宗旨		

(续表2-2-10)

要点	内容
开展家庭团队工作	④计划中应该包括社区资源和社会支持网络的使用，提高应对环境变化的能力 （5）家庭工作团队定期召开会议，了解计划落实情况和儿童家庭的变化，评估阶段性结果 （6）儿童和家庭的环境得到持久性的良性改变，达到目标效果的时候应该尽早结案

三、儿童友好社区建设倡导的方法（表2-2-11）

儿童友好社区建设是在社区层面上倡导和建设对儿童新生发展有利的社会工作实务模式之一，常用于在社区中传播新的概念和行为方式。

表2-2-11 儿童友好社区建设倡导的方法

要点	内容
儿童友好社区的标志	根据联合国儿童基金会的定义，儿童友好社区标志包括： ①社区能够保障儿童的基本需要得到满足 ②社区有条件让儿童和同伴见面和玩耍 ③社区能够保护儿童免遭伤害 ④儿童在社区里有干净的饮用水和卫生的环境 ⑤社区能够为儿童提供所需要的教育、医疗和紧急庇护服务 ⑥儿童能够参与家庭、社区和社会生活 ⑦社区能够在其发展过程中发挥儿童作用，尤其是在与儿童自身相关的社区事务中
儿童友好社区建设倡导的内容	①社区基本设施建设完善 ②配备安全和益智的儿童游戏场所和设施 ③加强社区儿童和家庭服务体系的建设 ④创新社区儿童参与工作机制
儿童友好社区建设倡导的办法	使用网络媒体倡导、名人和社区领袖倡导、海报宣传、讲座论坛等方式

第三章 青少年社会工作

本章知识体系

青少年社会工作
- 青少年社会工作概述
- 青少年社会工作的主要内容
- 青少年社会工作的主要方法
  - 促进青少年个体发展的社会工作方法
  - 改善青少年家庭关系的社会工作方法
  - 促进青少年人际交往的社会工作方法
  - 促进青少年社会参与和加强青少年社会观护的社会工作方法
  - 社会工作方法在青少年服务中运用的整合性

第一节 青少年社会工作概述

青少年社会工作概述（表2-3-1）

表2-3-1 青少年社会工作概述

要点	内容
青少年的特点	①青春期身体出现明显变化，渐至性成熟 ②自我意识开始健全，寻求独立，逻辑思维逐渐成熟 ③喜欢创新，行为反叛，社交范围扩大
青少年的需求	①接纳自己的身体变化和容貌，认同自己的性别角色 ②建立自己的朋友圈和人际关系 ③寻求独立，渴望脱离父母管束 ④需要建立和自己所了解的现实世界一致的价值观和世界观 ⑤开始有自己的理想和志向 ⑥为未来的婚姻和家庭做准备
服务原则	①尊重青少年自身的价值与尊严 ②接纳与关爱青少年 ③注重青少年的个别性和差异性 ④协助青少年具备适应社会发展的能力

第二节 青少年社会工作的主要内容

青少年社会工作的主要内容（表 2-3-2）

表 2-3-2 青少年社会工作的主要内容

要　点	内　容
服务青少年成长发展	①思想引导 ②习惯养成 ③为青少年就业提供职业指导 ④为青少年婚恋发展提供服务 ⑤为青少年提供社交指导
维护青少年合法权益	①对困难青少年进行帮扶 ②保护青少年权益 ③提供法律服务 ④提供心理疏导服务
预防青少年违法犯罪	①为青少年提供正面联系 ②对青少年边缘行为进行临界预防工作 ③对不良行为青年提供行为矫治 ④为青少年提供社会观护

第三节 青少年社会工作的主要方法

一、促进青少年个体发展的社会工作方法（表 2-3-3）

表 2-3-3 促进青少年个体发展的社会工作方法

要　点	内　容
服务目标	①帮助青少年了解自己未来发展的可能性 ②帮助青少年挖掘和发挥潜能 ③组织青少年互动分享，增强表达能力 ④提升青少年自我觉察和觉察他人需要的能力 ⑤重视青少年群体之间的反馈和回应 ⑥协助青少年完成自我接纳任务，达到自我实现效果
理论基础	罗杰斯认为自我概念可以协助青少年进行探索，他的观点大致如下： ①自我概念：自己对自己的整体观念和看法 ②自我概念是主观的，未必和客观条件相一致 ③自我概念是可以通过学习获得的

(续表2-3-3)

要点		内容
理论基础		④健康、积极、向上的自我概念有利于青少年处理自己的内在世界问题 ⑤与青少年有重要影响的他人对其形成自我概念有重要和深远的意义 ⑥自我概念包含三个层面：现实自我、理想自我和客观自我
生涯规划	生涯规划的理论基础	哈维赫斯特认为青少年的生涯发展具有阶段性，每个阶段有自己特定的任务，顺利完成当前阶段任务对进入下一阶段有积极作用 伍德的生涯选择配合理论认为个体对自己的能力、兴趣、人格和需求与价值观有足够的认识和了解后，才能接着探索外在的工作世界
	青少年生涯规划的重点	①认识自我 ②了解工作世界 ③实践中了解和确认自己的价值观 ④对工作环境因素进行评估

二、改善青少年家庭关系的社会工作方法

（一）构建和谐亲子关系
（二）开展亲职教育辅导服务（表 2-3-4）

表 2-3-4　开展亲职教育辅导服务

要点		内容
亲职教育辅导服务的主要目标		①社会工作者协助父母扮演好家长角色 ②社会工作者协助父母了解青少年在成长中遇到的身心发展危机 ③社会工作者提高父母子女之间的沟通技巧 ④社会工作者通过工作改善父母对子女教育的态度 ⑤社会工作者在辅导服务中让父母了解到家庭气氛对子女成长的影响 ⑥社会工作者教授家长发现和辅导子女的问题行为
理论基础		在亲职教育中可以参考"父母效能训练模式"，其中包括三个重点：
	积极倾听	训练父母的倾听技能，让父母能够了解子女的内心真实想法并予以接纳，关怀但不批判，构造和谐亲子关系
	使用"我—讯息"	训练父母使用"我"开头的表达模式，用合理的方式表达自己同时不伤害亲子关系和情感。表达的内容应当包括父母自己的感受、这种感受的原因、为什么自己会保持这样的态度
	积极沟通	训练父母和子女保持积极的沟通模式和态度，学习接纳子女，让子女自由表达思想和情感，专注地倾听子女的心事，以及适当沉默、寻找共识等技巧

三、促进青少年人际交往的社会工作方法（表2-3-5）

表2-3-5 促进青少年人际交往的社会工作方法

要点		内容
服务目标		①帮助青少年觉察自己的沟通状态 ②学习有效表达和沟通技巧 ③学习倾听技巧 ④学习回馈技巧 ⑤强化沟通技巧 ⑥学习如何处理冲突
理论基础（艾瑞克·伯恩的沟通分析理论）	人格结构分析	沟通分析理论认为人格应该包括三个不同而且独立的状态：父母、成人和小孩状态。个体清晰了解自己的状态有利于沟通进行
	沟通分析	互补式：双方能够获得对方的预期反应，沟通良好
		交叉式：沟通中发讯者无法获得收讯者的回复，沟通出现交叉状态
		暧昧式：发讯者发出的信息一语双关，信息可能涵盖其他意义，是不真诚的表达方式
	脚本分析	人的生命早期会因为父母和环境的影响而在沟通的时候带有"生命脚本"，由此衍生出人对自己的社会定位和心理地位
	游戏分析	卡普曼戏剧三角理论将人沟通的角色分为三种：压迫者，希望居于领导地位，只会控制他人；牺牲者，将自己标签为受害的被欺负的可怜的人；拯救者，看到压迫者伤害牺牲者的时候主动提供帮助的人

四、促进青少年社会参与和加强青少年社会观护的社会工作方法（表2-3-6）

表2-3-6 促进青少年社会参与和加强青少年社会观护的社会工作方法

要点	内容
促进青少年社会参与方法	积极鼓励青少年直接参与管理社会公共事务，如参政议政、参加社会组织活动、献言献策和志愿活动等方面
社会观护方法	社会工作者为青少年提供司法保护和司法社会工作服务，是少年观护司法转向制度在具体情境中的实施和应用。转向包括：避免将青少年送至监狱等机构处理，从轻处置，建立社区辅导体系 司法转向计划包括四种模式： ①以社区为基础的转向计划。由社会中的个人或团体对行为偏差青少年在社区层面开展辅导计划 ②以警察为基础的转向计划。由警察单位将青少年个案转介到社区辅导单位

(续表2-3-6)

要点	内容
社会观护方法	③以法院为基础的转向计划。由法院、检察官在起诉前或判决前将犯罪嫌疑人或被告转介到特定机构 ④以社会福利机构为基础的转向计划。由政府或者民间福利机构处理初步轻罪的少年事件,对青少年是否应该给予司法处理提供咨询服务

五、社会工作方法在青少年服务中运用的整合性

(1)青少年需求的多元性决定了青少年社会工作方法的整合性。

(2)与青少年需求相关的社会资源的综合性决定了青少年社会工作方法的整合性。

(3)社会工作专业的通才要求决定了青少年社会工作方法的整合性。

第四章　老年社会工作

本章知识体系

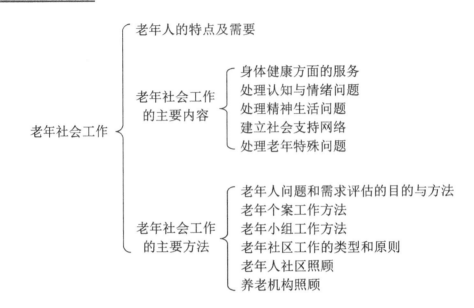

第一节　老年人的特点及需要

老年人的特点及需要（表 2-4-1）

表 2-4-1　老年人的特点及需要

要　点		内　容
老年人的特点	生理老化	新陈代谢放缓，身体各项机能开始老化衰退，反应变得迟缓
	心理老化	思想上，会出现因循守旧，液态智力下降，感官能力变差
	社会角色变化	对家人的陪伴与关心的需求加大，情感上需要家人的照顾
老年人的需要	健康维护	疾病多发期，健康维护是老年人最为关注和渴望满足的需要
	经济保障	老年人在退休后，经济来源主要来自于养老金和子女的赡养费用

(续表2-4-1)

要点		内容
老年人的需要	就业休闲	老年人退休后，离开了长期从事的工作和熟悉的集体，应尽快重新安排自己的生活，寻找新的生活寄托
	社会参与	发挥余热，贡献社会
	婚姻家庭	伴侣对于排解寂寞心理、减少老年人的孤独问题有积极作用。应正确看待老年人再婚的问题
	居家安全	预防老年人在日常生活中跌倒、摔伤等意外事故
	身后事宜安排	老人应在生前处理好财产的分配，这样可以减少或避免子女因财产分配不均而产生矛盾
	一条龙照顾服务	老年人可能需要接受居家养老、社区照顾、院舍照顾等不同类型的服务
老年社会工作服务中的注意事项	价值观问题	避免社会上对老年人的偏见所带来的影响
	移情与工作倦怠问题	社会工作者可通过向督导寻求帮助来解决老年服务中遇到的问题

第二节　老年社会工作的主要内容

一、身体健康方面的服务（表2-4-2）

表2-4-2　身体健康方面的服务

要点	内容
健康促进与维护服务	健康风险评估、例行体检、营养咨询与教育，等等
与健康照顾有关的服务	送餐服务、探疗等个人帮助，紧急呼叫，志愿服务等

二、处理认知与情绪问题

常见的四种老年认知与情绪问题：抑郁症、痴呆症、谵妄、焦虑症，如表2-4-3。

表2-4-3　四种老年认知与情绪问题

要点	内容
抑郁症	情绪低落，睡眠出现紊乱，进而导致情感上对生活失去希望，甚至出现自杀的行为
痴呆症	记忆力衰退，对时间和方向失去认知能力，认知和智力受到影响，严重地影响到日常生活
谵妄	认知功能下降，觉醒度改变、感知觉异常，且发病突然，多为身体其他器官出现问题，导致大脑出现紊乱
焦虑症	过度忧虑，非理性的恐惧，抱怨身体不适

三、处理精神生活问题

有关老年人的精神生活,有五点非常重要:
(1) 珍惜当下。
(2) 分析及找到往事的意义。
(3) 面对以往的遗憾并恰当处理。
(4) 接受生活中好与不好的一切。
(5) 开拓个人社交圈子。

四、建立社会支持网络(表2-4-4)

表2-4-4 建立社会支持网络

要 点	内 容
非正式支持体系	家庭成员、亲属和非亲属(邻居、朋友、非政府组织等) 在非正式支持体系中,老年人可以得到经济支持、情感支持、生活照料、精神慰藉等,这些对于老年人来说都是十分重要的
正式支持体系	主要由政府的老年工作机构和涉老组织机构构成
社会融合	①鼓励老人接触社会,多参加社区活动,开拓生活兴趣圈子 ②工作中注意老年服务对象之间的差异,包括不同职业、不同文化等因素

五、处理老年特殊问题(表2-4-5)

表2-4-5 处理老年特殊问题

要 点	内 容
如何介入虐待	①保障权益,保护老人免受经济方面的剥夺 ②为遭到虐待的老人提供救助和安置 ③构建非正式和正式的社会支持网络 ④倡议政府完善法律,呼吁社会支持和关爱老人,谴责虐待老人的行为
丧亲问题	(1) 了解心理创伤反应期,进行合适工作。一般会经历五个阶段: ①否认期:否认亲友逝世事实,要注意陪伴和照顾 ②愤怒期:对世事无情或离世原因感到愤怒 ③讨价还价期:希望自己牺牲什么换回亲友或反事实推理 ④抑郁期:情绪低落,感到无奈 ⑤接受期:接受现实,回复平静 (2) 社会工作者需要对服务对象提供以情感支持为主的服务 (3) 恰当的时候征得服务对象同意,代表其争取合法权益 (4) 为服务对象提供相关资讯 (5) 提供与丧亲有关的服务
临终关怀	(1) 控制疼痛和症状 (2) 协助老人及家人解决医疗费用方面的问题 (3) 为临终老人的亲友和子女提供哀伤辅导 (4) 临终关怀倡导的四个指导原则:

(续表2-4-5)

要点	内容
临终关怀	①病人及其家人是主要的照顾对象 ②由多学科人员组成的团队负责提供临终照顾 ③控制疼痛与病症是第一位 ④提供后续服务用来支持丧亲的家人
自杀干预工作	（1）如何进行自杀评估 （2）自杀的干预措施 ①设立短期可实现的目标，增强服务对象的自信 ②约定不再进行自杀行为，如有自杀意念须告知社会工作者 ③缅怀往事治疗，构建服务对象的意义感 ④发动和鼓励服务对象的周边关系和亲友为老人建立支持系统

第三节　老年社会工作的主要方法

一、老年人问题和需求评估的目的与方法（表2-4-6）

表2-4-6　老年人问题和需求评估的目的与方法

要点		内容
评估目的		①评估老人的优势和问题 ②评估老人支持和维护现有功能的方法 ③了解恢复丧失了的功能的干预措施 ④评估代替已经丧失的功能的支持性措施
评估方法	评估内容和工具	对老人的评估基本包括五方面：身体健康状况、心理和情绪健康状况、社会功能状况、日常活动能力状况、经济状况和环境安全 常用的工具包括：日常生活能力量表（ADLs）、工具性日常生活能力量表（IADLs）、福尔斯坦简易精神状态检查（MMSE）、老年抑郁量表（GDS）、社会支持评定量表和老年人家居安全查对表
	评估注意事项	①物理环境：环境是否整洁、安静、明亮等，符合老年人生活，并且具有老年人所需的生活辅助用品，如助听器、拐杖、眼镜等 ②平衡好老人自立和他人照顾的需要 ③关注最初提议做评估的人：老年社会工作中大多是非老年人本人提出评估要求，评估中了解老年人相关的角色有助于遵循案主自决等社会工作专业伦理 ④注意老年人群体的异质性：老年人之间的能力差别较大，评估中应该注意方式方法符合服务对象的情况 ⑤尊重老年人的权益：根据社会工作价值观和伦理，在老年社会工作中应该注意老年人的隐私，尊重服务对象的知情同意权

二、老年个案工作方法（表2-4-7）

表2-4-7 老年个案工作方法

要 点	内 容
接 案	老年社会工作中应该注重沟通，如有需要应准备好辅助工具
预 估	预估中需要注意老年人的身心状况和社会资源，进行全面的评估
计 划	制订服务计划时要充分吸收老人的意见，并且尊重老人决定
介 入	老年服务中需要多层次的服务，要注意定时追踪进展情况
评 估	重视老人的主观评价，可使用满意度测量
结 案	处理好移情和反移情，妥善安排结案工作，减少分离焦虑

三、老年小组工作方法

1. 由于老人身体功能差，在小组安排上需要注意空间安排和辅具使用
2. 由于老人反应迟缓，社会工作者要扮演一个比较积极的角色，控制好小组的节奏
3. 不宜采用小组工作的情形
（1）老人身体条件差或患有功能性缺陷的疾病。
（2）老人精神状况不佳或患有精神疾病。
（3）老人有严重行为问题等。
4. 老年小组工作中的注意事项
（1）尊重自决权：小组中应该尊重老人的意愿和情感，让其对自己负责。
（2）尊重保密权：小组中应该注意保密原则，避免小组中的隐私外泄。
（3）平衡对小组和个人所负的责任：小组中应把握好小组与个人的关系，处理伦理责任问题。
（4）干预小组动力：面临小组内的冲突，社会工作者要出面处理，避免激化。

四、老年社区工作的类型和原则（表2-4-8）

表2-4-8 老年社区工作的类型和原则

要 点		内 容
老年社区工作的重点目标人群		①独居老人 ②高龄老人 ③伤残老人 ④困难老人
老年社区工作方案	老年社区工作的目标	老年社区工作的目标是在社会工作价值观指导下通过社会工作专业方法，利用整合资源等介入手段，为解决老年人的问题和满足老年人的需要提供服务，从而提高老年人的生命和生活质量
	老年社区工作的类型	①居家服务 ②社区中心服务 ③社区老人照顾机构服务

(续表2-4-8)

要点	内容		
老年社区工作方案	工作内容		增进老年人的生命和生活质量指标,为老年人提供健康知识教育、志愿者服务、法律帮助、精神康复、融入社会等方面的工作
	工作原则	优势视角	老年人拥有处理问题的能力,应该注意发挥老年人的能力
		增权	在社区工作中注重对老年人的增权,让其发挥能力处理社区和自己的问题。增权,也称为"赋权"、"充权"
		统筹规划	老年人由于身心退化,社区工作中更多地需要社会工作者以专家模式规划社区工作发展
		资源链接	通过连接资源,改善老人生活的社区环境等

五、老年人社区照顾(表2-4-9)

表2-4-9 老年人社区照顾

要点		内容
老年人社区照顾的特点	老年人需求导向	了解老年人的基本需要和个别需求,而非着重提供服务
	着重宏观层面	着重评估整个社区老年人的共性需要和服务总量
	方案的综合性	兼顾社区中老年人的不同需求,做好照顾方案之间的互相配合衔接
老年人社区照顾的服务内容		通常老年人社区照顾所需服务包括:营养与餐饮、健康照料和生活安康、志愿者服务、老年教育、老年休闲娱乐、收入保障、代际融合、心理健康等

六、养老机构照顾(表2-4-10)

表2-4-10 养老机构照顾

要点	内容
养老机构的类型	①老年公寓:不需要任何生活照顾的养老机构 ②临终关怀机构:需要深度护理的老人的服务机构
接受养老机构照料的老年人的生活特点	①社交圈子固定,日常生活流程化 ②自主能力减少,生活由他人陪伴 ③由于与他人同住,物品和隐私受到限制 ④接触人群被限制在机构院舍内,丧失对外交流的角色和能力 ⑤依赖工作人员得到生活照顾和心理支持 ⑥由于缺少隐私和关系受到限制,从而掩饰内心 ⑦退出一些养老机构外的场合和活动 ⑧抗拒适应养老机构的生活并和工作人员对抗 ⑨可能由于适应养老机构,失去重新融入社区的信心

第五章 妇女社会工作

本章知识体系

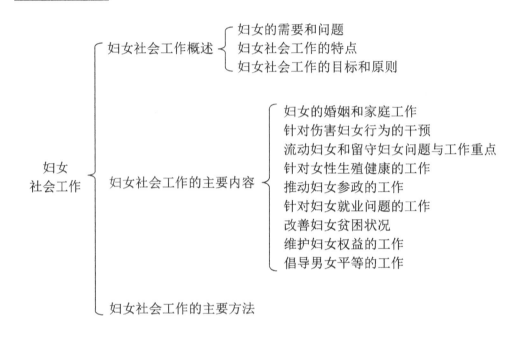

第一节 妇女社会工作概述

一、妇女的需要和问题（表 2-5-1）

表 2-5-1 妇女的需要和问题

要 点	内 容
妇女的需要	①妇女生命权得到保障的需要 ②妇女生殖健康的需要 ③保障妇女的权益和发展的需要 ④建立性别公正的政策、制度和社会环境的需要
妇女面临的问题	①婚姻与家庭问题：离婚率上升、违法婚姻、婚恋发展受阻、重男轻女思想等 ②针对妇女的暴力问题：婚姻暴力、拐卖妇女、性暴力、性骚扰、被迫堕胎等 ③生殖健康问题：妇女生殖健康容易受到危害，妇女缺乏生理健康方面的知识，流动妇女生殖保障边缘化等问题

(续表2-5-1)

要点	内容
妇女面临的问题	④留守妇女和流动妇女问题：留守妇女生活压力大，流动妇女工作权益易受侵害等 ⑤就业性别歧视问题：妇女失业率高，收入比男性低，劳动权益受侵害 ⑥贫困女性化问题：贫困人口中妇女占60%左右，大多在农村 ⑦参政问题：妇女参政容易边缘化，难以实现性别平等和公正

二、妇女社会工作的特点（表2-5-2）

表2-5-2 妇女社会工作的特点

要点	内容
关注妇女的多样性	妇女是性别群体，年龄、需求和问题是多元的，提供服务应个别化
关注妇女的声音和经验	反对传统男尊女卑思想，尊重和倾听妇女的表达和经历
理解和接纳妇女的现实处境	个体的处境往往是其个人选择的结果，理解和接纳妇女现状是社会工作的基本原则
强调"个人的即政治的"	妇女的个人问题往往反映出政治和社会的忽视和压迫，是公共政治问题
注重本土妇女工作经验的总结和提炼	本土的妇女问题产生于本土文化中，需要从本土找原因，从其他文化中找借鉴

三、妇女社会工作的目标和原则（表2-5-3）

表2-5-3 妇女社会工作的目标和原则

要点		内容
妇女社会工作的目标	直接目标	①纾缓压力和宣泄情绪 ②提高自我认识，重拾自信 ③解决妇女的实际困难和满足妇女的实际需要
	中间目标	①协助妇女定义妇女问题，意识到"个人的即政治的" ②提升性别意识，促进女性自省、自信和自我认同 ③建立妇女支持小组，减少妇女的孤独感
	最终目标	①重新构建性别权力关系 ②建立妇女之间的网络与网络联系 ③倡导和建立全社会公平公正的性别意识和制度
妇女社会工作的原则		①妇女社会工作如何实现实质上是如何看待女性的具体表现，即女权观或女权主义 ②妇女的需求和妇女社会工作，因妇女的个体差异而具有多样性 ③妇女应该是一个独立的个体，而并非仅仅具有家庭角色 ④从优势视角来看，妇女有处理特定问题的能力，是重要的社会资源

(续表2-5-3)

要　点	内　容
妇女社会工作的原则	⑤妇女应该是自己命运的把握者，决定自己的命运 ⑥在妇女社会工作中，社会工作者应与妇女案主关系平等 ⑦在特殊案例中，应该注意理解和接纳妇女案主的抉择 ⑧如能运用家庭资源，应注意利用和发挥

第二节　妇女社会工作的主要内容

一、妇女的婚姻和家庭工作

（一）婚姻和家庭关系调适（表2-5-4）

表2-5-4　婚姻和家庭关系调适

要　点	内　容
家庭系统的调适工作	①夫妻关系系统：家务分工、经济支配、亲子教育、婚姻调适等 ②婆媳关系系统：儿孙养育、老人赡养、协调家庭安排等 ③亲子关系系统：孩子的兴趣爱好建立、亲职教育等
家庭工作的原则	①尊重原则：尊重接纳家庭形式和婚姻多样性 ②平衡原则：调整家庭权力、避免家庭暴力、调整冲突和资源分配不均 ③协调家庭和工作之间的冲突 ④强调亲职教育中父亲角色与母亲角色一样重要，均衡教育责任 ⑤利用社会资源减少家庭负担，提供支持、服务和帮助

（二）单亲母亲家庭工作（表2-5-5）

表2-5-5　单亲母亲家庭工作

要　点		内　容
单亲母亲家庭的界定和存在的问题	界　定	单亲母亲家庭是由于各种原因导致的母亲和孩子组成的家庭
	存在的问题	①亲子关系和孩子教育问题 ②单亲母亲的贫困问题 ③就业困难问题 ④再婚困难问题 ⑤社会偏见与歧视问题 ⑥针对单亲母亲的社会保障问题
对单亲母亲家庭的观念		单亲母亲家庭并不是单纯的个人或者家庭问题，而是社会福利缺乏和社会存在歧视等问题导致的结果。工作中应该注重发挥母亲的智慧和能力。单亲家庭的孩子问题不能单纯归因到家庭，其根源是社区对单亲家庭的不合理对待和社会支持缺乏

（续表2-5-5）

要 点	内 容
对单亲母亲家庭提供的服务	①建立社会支持系统，充分利用正式和非正式支持使母亲脱离困境 ②提供心理支持和资源链接服务，处理困难个案
工作原则	①单亲家庭是一种现实存在的正常的家庭形式 ②很多单亲家庭的问题是由社会的歧视和福利提供不足而造成的，应增加单亲母亲的自信心 ③关注单亲母亲的能力与智慧，不要把她们视为生活中的弱者

二、针对伤害妇女行为的干预（表2-5-6）

针对妇女的暴力行为包括：婚姻暴力、拐卖妇女、性骚扰、性暴力和基于男孩偏好的强迫堕胎等。

表2-5-6 针对伤害妇女行为的干预

要 点		内 容
暴力行为	婚姻暴力 概念	联合国《消除对妇女的暴力行为宣言》中指出，对妇女的暴力行为是指对妇女造成或者可能造成身心方面或性方面的伤害或痛苦的任何基于性别的暴力行为，包括威胁进行这类行为、强迫或任意剥夺自由，而不论其发生在公共生活还是私人生活中
	婚姻暴力 受虐妇女综合征特征	①低自尊 ②暴力循环（暴力发生的周期性） ③暴力正常化（视暴力作为生活的一部分）
	拐卖妇女 拐卖妇女问题的界定	拐卖妇女是指以出卖为目的，涉及拐骗、绑架、收买、接送、贩卖、中转妇女等行为
	拐卖妇女 拐卖妇女的危害	①影响妇女身心健康 ②给妇女的家庭带来灾难 ③对妇女人权的轻视和践踏 ④对人权和平等观念的挑战和剥夺
针对伤害妇女行为的干预策略		①针对个案为案主提供法律和心理上的支持 ②建立受虐妇女支持小组 ③开展反对妇女暴力的综合干预行动 ④为受虐妇女提供各种其他具体服务
针对伤害妇女行为的干预原则		①关注受害妇女的安全 ②接纳而不责怪 ③尊重受害妇女的人格独立 ④与受害妇女建立信任、真诚的专业关系

三、流动妇女和留守妇女问题与工作重点（表2-5-7）

表2-5-7　流动妇女和留守妇女问题与工作重点

要　点	内　容
流动妇女问题	身体状况、家庭婚姻及生活就业等方面
留守妇女问题	情感危机、家务压力
工作重点	①通过建立支持体系减少和释放精神压力，帮助其宣泄情绪 ②安排流动妇女和留守妇女参加职业技能培训，增加其就业机会 ③协助流动妇女和留守妇女寻找适合的资源条件，帮助其融入社会 ④当流动妇女和留守妇女权益受到侵害时，提供法律和心理上的支持

四、针对女性生殖健康的工作（表2-5-8）

表2-5-8　针对女性生殖健康的工作

要　点		内　容
妇女生殖健康的概念		妇女生殖健康是指生殖系统及其功能和过程所涉及的一切事宜在身体、心理和社会方面的健康状态，而不是没有疾病或不适
妇女生殖健康问题的成因		①妇女生产行为更多被视为个人事件，为社会所忽视 ②不良文化环境将妇女视为生育工具，忽视其健康和权利 ③社会为妇女生殖健康提供的资源有限
干预的原则	主体原则	妇女是生育的主体，拒绝伤害妇女生殖健康的因素
	参与原则	妇女应当积极参与到关于生殖健康的政策和计划的制定和实施当中
干预的策略		①健全具有社会性别敏感性的妇女生殖健康的政策 ②建立"以社区为基础，以妇女为中心"的服务策略 ③建立妇女定期生殖健康检查的制度

五、推动妇女参政的工作（表2-5-9）

表2-5-9　推动妇女参政的工作

要　点		内　容
工作内容		鼓励妇女参与政治，扩大妇女参政比例
妇女参政两大方面	权力参与	妇女直接参与到国家管理层面，直接参与政治
	民主参与	妇女行使民主投票、选举、建议等法律赋予的权利

六、针对妇女就业问题的工作

1. 妇女就业问题的主要人群：城市妇女和外出务工妇女
2. 妇女就业问题
（1）工作集中在报酬较低的行业。
（2）工作岗位多为临时工和非正式部门，缺乏劳动保障。

3. 针对妇女就业问题的工作策略
（1）向妇女提供技术培训，扩大就业岗位。
（2）呼吁政策和社会为妇女提供就业公平公正保障。

七、改善妇女贫困状况（表2-5-10）

表2-5-10　改善妇女贫困状况

要点	内容
扶贫	加大社会对妇女问题的关注，提供对反贫困工作的政策支持
智力	通过提高妇女智力，加强生活工作能力
技能	通过参加职业技能培训，增加其就业机会
教育	通过教育，得到素质的提升
资源	寻找适合的资源条件，帮助贫困妇女融入社会，获得财富
资金	政府提供小额贷款等，在资金上帮助贫困妇女走出贫困

八、维护妇女权益的工作（表2-5-11）

表2-5-11　维护妇女权益的工作

要点		内容
维权内容	相关法律、法规	《中华人民共和国妇女权益保障法》《中华人民共和国婚姻法》《中华人民共和国继承法》《中华人民共和国劳动法》《中华人民共和国母婴保健法》《女职工劳动保护规定》等
	相关权利	政治权利、文化教育权利、劳动权益、财产权益、人身权益、婚姻家庭权益、计划生育权益等
权益维护途径		①向社会宣传妇女权益的法律知识 ②为健全保障妇女相关法律提供调研成果和事实依据 ③落实妇女保障政策，提供社会工作服务 ④倡导社会和法律建立完善维护妇女权益的机制

九、倡导男女平等的工作

（1）宣传和落实马克思主义妇女观。
（2）宣传男女平等的基本国策。
（3）推动社会性别主流化的工作。（表2-5-12）

表2-5-12　推动社会性别主流化的工作

要点	内容
社会性别的含义	社会性别是指社会文化中形成关于男性和女性的群体特征、社会角色、活动特点和责任等的观念
社会性别分析和决策主流化	把对男女性别的关注、经历作为在政治、经济和社会等领域中设计、执行、跟踪、评估政策和项目计划的不可分割的一部分来分析考虑，使得男女平等受益，促进男女公平
推动社会性别分析和决策主流化的内容	加强性别意识，注重性别角色分析，维护性别公平公正，推动发展平等；采用自上而下，自政府到社会的宣传性别观点政策

第三节 妇女社会工作的主要方法

妇女社会工作的主要方法（表 2-5-13）

表 2-5-13　妇女社会工作的主要方法

要　点		内　　容
性别 分析方法	性别角色 分工分析	对于妇女而言，在社会生活中一般有三大角色：生育角色、生产角色和社区管理角色 社会工作者应注意因这三个角色之间的冲突而带来的问题，帮助妇女在这三个角色中找到平衡
	性别 需求分析	摩塞把妇女的需求分为实用性社会性别需求和战略性社会性别需求两种 ①实用性社会性别需求：妇女为履行现存社会性别角色而需要满足的需求。该类需求的满足依旧延续传统的性别分工模式和角色，如健康、就业等 ②战略性社会性别需求：指因组织妇女参与到社会决策和监督中，以改革社会性别关系、实现性别平等，而需要满足的需求。如参与社区管理、妇女政策建议和制定等
妇女增能 的方法	含　义	增能，是将决策的责任和资源控制权授予或转移到即将受益的人的手中。从广义上来说，增能是选择和行动自由的扩展。它意味着增加对影响生活的资源和决策的权力和支配能力
	增能的目的	个人层次：自我意识的提升，个人能力的增强 人际层次：提供互助合作的机会，开拓更多资源 环境层次：摆脱或者改变妇女受压迫的环境
	主要方式	①工作过程透明化 ②通过鼓励与肯定提高妇女的价值感 ③与妇女进行权力分析 ④通过阅读、电影观看及小组讨论等方式促进女性意识觉醒 ⑤倡导政策的改变
性别视角的 妇女社会 工作方法		（1）建立相互信任的关系 ①具有性别敏感性的倾听、反应感受和表达同感 ②协助妇女案主理清责任归属 ③鼓励妇女案主表达个人化故事 ④肯定妇女的价值 ⑤尊重妇女案主的选择 ⑥社会工作者与妇女案主的关系应是平等的 （2）协助妇女案主重新界定问题，提升意识 ①分析理解问题不能个人化 ②评估社会因素对问题的影响

(续表2-5-13)

要　点	内　容	
性别视角的妇女社会工作方法	③协助妇女案主了解自己的处境和角色 ④寻找妇女案主个人处理问题的能力和环境之间的关系 （3）挖掘自身潜能，联络资源 ①协助妇女案主看到自己的能力与优势 ②协助妇女案主认清问题本身带来的机会与挑战 （4）协助建立支持小组 ①兼顾两种需求：实用性社会性别需求和战略性社会性别需求 ②场地和时间依据妇女情况而定 ③社会工作者和妇女案主的平等关系	
宣传教育、倡导和多部门合作	宣传教育的方法	①利用各种政策出台或修改的机会进行宣传、教育 ②利用节假日作为推动和宣传的契机 ③突发性事件发生后进行宣传教育 ④利用培训机会穿插宣传
	倡　导	倡导是指站在妇女的立场上，确保社会公平，代表捍卫、支持个人或团体利益的活动过程
	多部门合作	妇女的问题不是个人的问题，需要多部门协助，包括立法建议、行政干预、性别角色培训和法律援助，等等

第六章 残疾人社会工作

本章知识体系

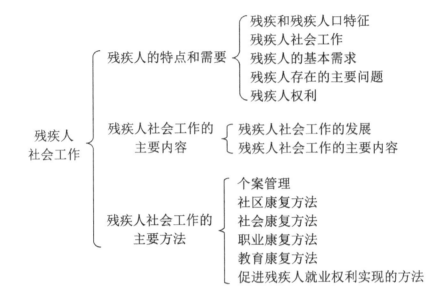

第一节 残疾人的特点和需要

一、残疾和残疾人口特征（表 2-6-1）

表 2-6-1 残疾和残疾人口特征

要点		内容
残疾人概念	定义	《中华人民共和国残疾人保障法》定义：残疾人是指在心理、生理、人体结构上，某种组织、功能丧失或者不正常，全部或者部分丧失以正常方式从事某种活动能力的人
	类型	视力残疾、听力残疾、言语残疾、肢体残疾、智力残疾、精神残疾、多重残疾和其他残疾
残疾人的人口特征		根据 2006 年对残疾人抽查推算，我国有 8296 万残疾人，占人口的 6.34%，男性占 51.55%，女性占 48.45%，残疾人家庭 7050 万户，占全国家庭总数的 17.8% 残疾人口占总人口比例较低，说明残疾人认定条件较高，残疾人家庭占全国家庭的近五分之一，说明残疾人问题是社会共同面对的问题

二、残疾人社会工作（表2-6-2）

表2-6-2 残疾人社会工作

要点		内容
定义		残疾人社会工作是一种特殊的社会工作，专指在社会福利制度框架下，社会工作者秉承利他主义的宗旨，运用社会工作专业知识和方法，帮助残疾人进行能力建设并克服自身缺陷的局限性，构建社会性支持系统并克服各种环境障碍，使得残疾人能够全面融入社会生活并提升人类社会整体生活质量的专业活动
总目标		尊重残疾人的公民权利和基本权利，促使残疾人能够平等地参与社会，有尊严地生活和工作，推动残疾人建立独立自主的观念，提升素质为奉献社会做贡献，从而提升人类的整体生活质量
功能	微观层面	①为残疾人提供直接的物质性帮助 ②为残疾人提供能力建设的支持服务
	中观层面	①推动残疾人组织和服务残疾人组织的发展 ②推进社区残疾人支持系统和服务，促使残疾人融入社区，参与社区发展和服务
	宏观层面	①推进残疾人社会政策变迁 ②形成残疾人帮扶的社会资本

三、残疾人的基本需求（表2-6-3）

表2-6-3 残疾人的基本需求

要点	内容
社会福利政策	宣传和落实《残疾人保障法》，落实其他相关福利政策
家庭扶助	落实"最低生活保障制度"
权利保护与法律援助	为残疾人提供必要法律支持
就业政策	加大残疾人就业政策的倾斜力度，鼓励企业用人单位为残疾人提供就业机会
康复与医疗救助	推动机构康复、社区康复齐发展，提高对残疾人的医疗保障
伤残抚恤	开展针对伤残军人的服务
社会保险	完善社会医疗保障体系，减少因残致贫、因残返贫的现象
特殊教育	从教育入手，帮助残疾人独立，更好地融入社会
文化生活照顾	丰富残疾人的文化生活，鼓励残疾人参与其中
改善社会环境	建设无障碍环境，促进社会理解与互助

四、残疾人存在的主要问题（表 2-6-4）

表 2-6-4 残疾人存在的主要问题

要点	内容
物质层面问题	①经济困难 ②住房困难 ③医疗困难
精神层面困难	因残疾引起的心理自卑感、负罪感和污名感
社交层面困难	①婚恋发展困难 ②出外就业困难 ③社会交往困难

五、残疾人权利

根据残疾人保障法和《关于加快推进残疾人社会保障体系和社会服务体系建设的指导意见》，残疾人权利主要包括以下几点，如表 2-6-5：

表 2-6-5 残疾人权利

要点	内容
康复权	指残疾人有权利通过各种途径获得康复
教育权	拥有与健全人平等的教育机会，保障其就业和社会参与的前提条件
劳动权	拥有实现生命意义和奉献社会实现劳动价值的权利
文化生活权	残疾人在参与文化体育和娱乐活动方面与健全人有平等的权利
环境友好权	享有社会为其创造无障碍环境的权利

第二节 残疾人社会工作的主要内容

一、残疾人社会工作的发展

残疾人社会工作的发展正在经历从医学治疗模式向社会康复模式的转变，具体包括以下几点，如表 2-6-6：

表 2-6-6 残疾人社会工作的发展

要点	内容
残疾人社会工作理论的转型	①对致残原因的分析从个人责任理论转向社会责任理论。现代社会工作理论认为个人残疾应该归咎到社会因素而非个人因素 ②对残疾现象的分析从社会标签理论转向社会照顾理论。现代社会工作倾向将残疾人当"正常人"看待

(续表2-6-6)

要点	内容
残疾人工作方法的转型	①工作理念上从社会供养理论转向回归社会理论 ②介入模式上从单一个案模式转向综合服务模式

二、残疾人社会工作的主要内容

（一）发展本土视野下的残疾人社会工作服务（表2-6-7）

表2-6-7 发展本土视野下的残疾人社会工作服务

要点	内容
确立残疾人社会工作新理念	把残疾人社会工作纳入公共服务体系，综合利用政府和社会资源提供服务
实现残疾人工作机制创新	利用网格化的创新服务模式，发展网络式工作模式
加强专业服务组织和专业人才队伍建设	为加强残疾人服务力度和提高服务水平，应该加强残疾人社会工作组织建设和专业人才队伍建设
文化和价值观营造	构建对残疾人的社会环境友好价值观，营造残疾人友善文化

（二）构建保障残疾人合法权益的政策体系

通过社会工作调查研究，对残疾人法律和政策提供数据和意见，达到完善残疾人政策体系的目的。

（三）为残疾人提供康复服务（表2-6-8）

表2-6-8 为残疾人提供康复服务

要点		内容
教育康复		对残疾人本身、残疾人的家属、从事残疾康复的专业人士和志愿者提供的关于残疾人康复和职业服务知识与就业安置服务知识
	对残疾人群体的教育康复	首先，对残疾人提供认识自己和环境互动的教育 其次，对不同残疾提供补偿性训练，使其拥有一定文化知识和就业能力
	针对残疾父母或监护人、家属等的工作	首先，给予残疾人家属心理支持和精神压力纾缓 其次，向残疾人家属普及残疾人康复和社区融入的相关知识 最后，构建社会支持和社区服务网络
	针对社会组织、残疾人服务组织和各类爱心人士的工作	提升残疾人服务技巧和残疾人服务的相关知识，提升服务的专业能力

(续表2-6-8)

要　点	内　　容		
职业康复	职业康复的主要内容	①掌握残疾人的身体、心理和职业能力状况 ②对残疾人职业培训和就业做出可能性引导 ③提供必要的适应性培训、心理功能的调整和职业培训等 ④引导从事适当的职业 ⑤提供特殊安置的就业机会 ⑥残疾人就业跟踪服务	
	职业康复的流程	职业咨询	针对残疾人的个人状况对其提供职业咨询
		职业评估	评估残疾人就业的可能性
		职业培训	为残疾人提供必要的职前培训
		就业指导	根据市场现状给予残疾人就业的具体意见和引导
社区康复	社区康复是指残疾人在社区利用各种资源进行康复和融入社会的社会工作实务方式。主要内容包括如下： ①开展残疾预防工作 ②开展康复评定和建档工作 ③开展具体的残疾人康复服务		

第三节　残疾人社会工作的主要方法

一、个案管理（表2-6-9）

表2-6-9　个　案　管　理

要　点	内　　容		
残疾人需求评估的特殊性	①理解并评估残疾人及其家庭的内心感知 ②消除社会对残疾人的误解		
残疾人专业关系建立的特殊性	①信任是专业关系的基础 ②专业关系的建立是一个过程		
个案管理的主要步骤	个案管理的特点	利用不同专业服务和资源为某个特定的服务对象提供全面服务，增强残疾人获得资源和运用资源的能力。社会工作者在其中要扮演的角色是资源整合者、价值倡导者、服务咨询者	
	主要工作步骤	建立专业关系	为服务对象提供服务需要良好关系，签署服务协议
		评估问题与需求	综合评估服务对象的问题和需求，了解需求顺序和处理问题资源等

(续表2-6-9)

要点	内容		
个案管理的主要步骤	主要工作步骤	制订服务方案	设定目标并对其进行优先顺序排列，选择合适的介入策略，确定成效评估方法
		获得整合性资源	挖掘服务对象内在资源与社区资源
		实施整合	在社会工作者主导下多团队合作服务
		结束阶段	服务对象获得资源且有效利用，达到助人自助效果则可以结案

二、社区康复方法（表2-6-10）

表2-6-10 社区康复方法

要点	内容
社区康复的内容	①开展残疾预防工作 ②开展康复评定工作 ③开展全面康复服务
三级预防	①一级预防：预防导致残疾的伤害出现 ②二级预防：预防伤害出现后导致的残疾 ③三级预防：预防残疾出现后所带来的各种障碍
社区康复的原则	因地制宜、因陋就简和因势利导是最基本的原则，也是社区康复的根本指导原则 以政府为主导，依托社区资源，利用多部门配合，发动社会力量参与 ①低成本、广覆盖的原则：就近就地开展家庭康复 ②因地制宜的原则：从社区的实际情况出发，寻找适合当地的方式开展康复工作 ③因陋就简的原则：根据社区资源，选择更便于开展工作的方式 ④因势利导的原则：考虑社会大势和社区形势，利用各种助残契机，号召社会积极参与 ⑤康复对象及其家庭积极参与的原则：鼓励和支持康复对象及其家庭成员参与到服务过程当中

三、社会康复方法（表2-6-11）

表2-6-11 社会康复方法

要点	内容
服务内容	①协助康复医师正确地诊断、有效地医治 ②考虑康复后的基本医疗设施，并进行转介服务 ③家庭照顾方案的实施 ④协同有关机构开展社会服务项目 ⑤提供社会工作的其他专业服务

(续表2-6-11)

要点	内容
社会康复的措施	①协助政府制定相关政策、法律、法规保护残疾人权益 ②保障残疾人生存的权利,保障残疾人的基本生存条件 ③为残疾人自身发展提供帮助 ④设置无障碍生活环境方便残疾人生活起居 ⑤倡导人道主义精神,消除社会对残疾人的偏见,营造和谐环境 ⑥组织残疾人和健全人共同参与社会活动 ⑦帮助残疾人实现经济独立 ⑧鼓励残疾人参与政治生活,保障其政治权利

四、职业康复方法（表2-6-12）

表2-6-12 职业康复方法

要点		内容
概念		为残疾人获得并保持合适的职业,帮助其参与社会生活
流程	职业咨询	由残疾人案主的实际情况出发,注意其身体条件的限制
	职业评估	对残疾人的身体、心理和职业适应性进行评估
	职业培训	社会工作者与职业指导师对残疾人进行就业培训和上岗前培训
	就业指导	根据残疾人的情况,为其提供劳动力市场、就业方向等信息以及就业指导意见和建议

五、教育康复方法（表2-6-13）

表2-6-13 教育康复方法

要点	内容
特殊教育	教育康复的主要对象是机构中和城乡社区的各类残疾人
如何配合特殊教育工作	①对残疾人：配合特殊教育工作者对残疾人进行训练,有选择性地开展个案工作 ②对残疾儿童家属：引导他们正确认识和对待残疾人 ③对社会组织、服务机构和其他残疾人康复工作者：促使其技能提高

六、促进残疾人就业权利实现的方法（表2-6-14）

表2-6-14 促进残疾人就业权利实现的方法

要点		内容
残疾人就业的支持性资源		残疾人的就业对于其安身立命有重要影响,对其就业的政策支持尤其重要。残疾人就业的支持性资源包括：
	政府部门	对残疾人就业的单位和个体劳动者实行税收减免
	企事业单位	加大力度聘请残疾人员工,体现企业社会责任

(续表2-6-14)

要 点		内 容
残疾人就业的支持性资源	残疾人社会组织和其他社会组织	激发社会主体活力,推进政府购买社会组织服务制度推进残疾人服务项目
	社区各类志愿者服务	—
残疾人就业场所	福利企业	就业能力强的残疾人能进入商业机构和政府部门等职业场所与健全人共同就业,能力相对较强的残疾人能进入福利企业
	庇护工场	就业能力相对较弱的残疾人可以进入过渡性就业场所,即庇护工场

第七章　矫正社会工作

本章知识体系

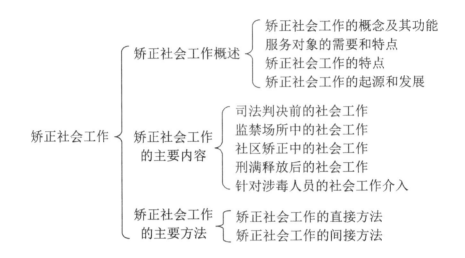

第一节　矫正社会工作概述

一、矫正社会工作的概念及其功能（表 2-7-1）

表 2-7-1　矫正社会工作的概念及其功能

要　点	内　容
概　念	矫正社会工作是指为罪犯及其家属，在司法矫正过程中，提供以社会工作专业价值观为指导的社会工作
针对罪犯的功能与作用	①监管功能：矫正社会工作者也是刑罚执行团队中的一员，监管服务对象预防其再犯罪 ②矫正功能：从生理、心理到行为上帮助服务对象矫正 ③服务功能：矫正社会工作是针对罪犯的一种社会福利服务
针对社会环境的功能与作用	①营造有利于服务对象更新改造的家庭和社会环境 ②促进刑罚制度向人性化、科学化方向发展

二、服务对象的需要和特点（表2-7-2）

表2-7-2 矫正对象的需要和特点

要　点	内　容
矫正服务对象的需要	①基本生存条件的保障需要：包括维持基本生活所需的经济收入、住房需求、卫生医疗等 ②教育、就业权益的保障需要：通过教育与就业实现自新、自强、自立 ③再社会化的服务需要：社会功能的恢复与重建 ④正常家庭生活的需要
矫正服务对象的特点	①冲动好斗的人格特征：根据犯罪心理学的研究，罪犯具有共同的基本人格特征，包括高外倾性、高神经质、低掩饰性，表现为外向好动、好攻击、情绪不稳、喜怒无常、易激动、行为冲动、缺乏理智、缺乏同情心、对人抱有敌意等 ②自卑消沉的心理特征：由于处在被监管和惩罚的状态，矫正服务对象会有自卑自责、消极悲观、自甘堕落等心理特征 ③与社会严重脱节的社会特征：社会化进程受阻和社会功能严重缺失往往是罪犯犯罪的根本原因。罪犯被处以刑罚以后所遭受的社会歧视和排斥，会令罪犯的社会脱节情况更加严重 ④困难重重的生活特征：矫正对象在监狱或是在社区接受矫正都会面临各方面的生活压力

三、矫正社会工作的特点

（1）福利性：是一种社会福利服务。
（2）特殊性：服务对象是社会的特殊弱势群体，即罪犯或犯罪者。
（3）系统性：服务过程贯穿司法矫正全过程。
（4）专业性：是专业的社会福利服务。

四、矫正社会工作的起源和发展（表2-7-3）

表2-7-3 矫正社会工作的起源和发展

要　点		内　容
矫正社会工作的起源		矫正社会工作源于1841年美国的波士顿，创始人是被称为"感化工作之父"的约翰·奥古斯特斯
世界上一些国家和地区矫正社会工作制度的建立和发展	英　国	1907年《感化犯人法》第一次在全国范围认可感化犯人制度并制定了具体措施
	日　本	当代资本主义国家中矫正社会工作制度最成功、最有效的
	中国港台地区	①香港于20世纪30年代从英国引入感化制度，80年代起"社区为本"的精神引入司法矫正领域，进一步确立起一套用"社会服务令"等非监禁形式对罪犯进行矫正的制度体系 ②台湾1962年首创少年观护制度，开启了台湾矫正社会工作的先河

(续表2-7-3)

要点	内容
中国内地的社区矫正制度	社区矫正是一种与"监狱矫正"相对应的非监禁刑罚执行制度。社区矫正的适用范围主要包括下列五种： ①被判处管制的 ②被宣告缓刑的 ③被暂予监外执行的 ④被裁定假释的 ⑤被剥夺政治权利，并在社会上服刑的

第二节 矫正社会工作的主要内容

一、司法判决前的社会工作（表2-7-4）

表2-7-4 司法判决前的社会工作

要点		内容
针对犯罪嫌疑人的社会工作介入	工作对象	已被拘押或保释的、尚未被定罪的犯罪嫌疑人
	社工职责	通过接触了解，写出一份有关犯罪嫌疑人的调查报告，供法庭作为审判参考
犯罪嫌疑人调查报告的性质和作用	性质	在罪犯承认其犯罪事实的基础上，为法庭判决提供参考意见
	作用	提供罪犯的社会背景和性格特征等辅助性资料，作为法庭的审判参考
犯罪嫌疑人调查报告撰写材料		包括犯罪事实的记录、前科和个人成长史等
针对犯罪嫌疑人亲友的社会工作介入		①家庭关系协调及家庭成员心理、情绪辅导 ②社区资源联结以应对生活困难 ③为失去依靠的家庭成员提供生活照料

二、监禁场所中的社会工作（表2-7-5）

表2-7-5 监禁场所中的社会工作

要点	内容
协助服刑人员适应监禁场所生活	①协助服刑人员熟悉监狱环境 ②协助服刑人员戒除不健康的生活习惯，如吸毒、酗酒等 ③帮助服刑人员解决生活困难 ④预防服刑人员间犯罪观念和行为的交叉感染

(续表2-7-5)

要点	内容
为服务对象提供专业咨询服务	①公民教育：培养服刑人员的合法公民素养 ②心理情绪辅导：针对服刑人员的偏差心理和服刑期间出现的情绪问题进行辅导 ③职业技能训练：使服刑人员在刑满释放后有谋生的技能 ④人际交往意识与能力提升
帮助服务对象加强与社会的联系	①帮助服务对象了解外面社会的变化 ②帮助服务对象加强与家庭的联系 ③帮助服务对象建立支持性社会网络

三、社区矫正中的社会工作

（一）缓刑、假释、监外执行人员的监督管理（表2-7-6）

表 2-7-6　缓刑、假释、监外执行人员的监督管理

要点	内容
对社会工作者的要求	配合社区矫正机构实施监督管理
对缓刑、假释和监外执行人员的要求	①保持良好的品行，不与品行不端者来往 ②服从司法行政机关、社区矫正机构的命令 ③接受矫正社会工作者的辅导 ④及时汇报相关情况，不经批准不得离开居住地等

（二）院舍训练的组织管理（表 2-7-7）

表 2-7-7　院舍训练的组织管理

要点		内容
主要内容		为受助者提供住院或寄宿等，帮助其掌握技能，从而顺利回归社会
主要形式	中途家庭	主要收容无家可归者或有家归不得者
	寄养家庭	主要收容观护青少年，避免沾染恶习复又犯罪，帮助其感受家庭氛围，帮助其融入社会
	教养院	主要针对具有不良行为或可能发展不良行为的青少年，通过学校教育的方式，指导其生活，对其进行职业训练，提高其对社会的适应能力
	感化院	主要针对犯罪青少年，一般进行6个月以上、3年以下的入院矫正，从思想、心理、行为上进行感化教育
社会服务计划的执行		一种替代短期自由刑的非监禁化的社会处理措施，判定罪犯在规定时间内在社会福利服务机构从事无偿劳动或服务，以此赎罪悔过
为社区服刑人员提供社会服务		①促进社区服刑人员就业，帮助其融入社会 ②帮助社区服刑人员接受教育，支持其完成义务教育学业 ③做好基本生活救助，保障其最基本的生活条件和生存权 ④落实社会保险，保障其在社会中获得相应待遇和福利

四、刑满释放后的社会工作（表2-7-8）

表2-7-8 刑满释放后的社会工作

要点	内容
面临问题	缺乏社会适应能力，社会歧视、家庭拒绝及就业困难
社会工作服务	①提供住宿场所：为无家可归或暂时不被家庭接纳的服刑期满人员解决安身问题 ②提供就业、就学辅导：通过职业技能培训、职业介绍和联系学校，帮助刑释人员回归社会 ③提供生活辅导和医疗保健转介服务 ④提供物质帮助

五、针对涉毒人员的社会工作介入（表2-7-9）

表2-7-9 针对涉毒人员的社会工作介入

要点	内容
为戒毒人员提供戒毒治疗及康复服务	①了解戒毒人员的个人背景资料，建立档案 ②对戒毒人员进行家访和个案辅导，帮助其脱离毒品控制，降低复吸率 ③与相关单位合作为涉毒人员戒毒治疗提供良好环境和氛围 ④对戒毒人员提供职业培训，使其重拾信心融入社会
为社会大众提供预防性禁毒教育和宣传服务	①通过小组或班会活动对学生提供禁毒知识宣传 ②对滥用药品或者毒品的青少年提供个案和家庭服务 ③在社区开展禁毒宣传，营造社区禁毒环境 ④发动社区志愿者参与禁毒工作，支持戒毒人员回归社区

第三节 矫正社会工作的主要方法

一、矫正社会工作的直接方法（表2-7-10）

表2-7-10 矫正社会工作的直接方法

要点	内容
个案工作	①建立良好的专业关系 ②有重点、分步骤地制订矫正工作计划：在开展工作前，合理评估和分析个案，做好计划 ③发掘服务对象潜能，提高其自主解决问题的能力 ④妥善处理好为案主保密原则与维护社会安全的关系

(续表2-7-10)

要点	内 容
小组工作	（1）小组主题针对服务对象带有共性的问题和困惑 ①针对服务对象在回归社区初期存在的心理问题的主题 ②针对服务对象在生活安排和学习、工作之间的冲突的主题 ③针对服务对象处理过往不良社会关系和发展良好社会关系的主题 ④针对服务对象家庭沟通不良或者环境不良的主题 ⑤针对服务对象就业、学习、婚恋等生活困境的主题 ⑥针对服务对象缺乏社会责任心和成就感的主题 （2）从服务对象的特点出发选择小组工作实施模式 （3）小组活动时间安排宜和矫正工作的制度要求相结合 （4）发现和培育小组工作的领导

二、矫正社会工作的间接方法（表2-7-11）

表2-7-11 矫正社会工作的间接方法

要点	内 容
社区工作方法的运用	①综合治理，改善服务对象的生活环境 ②社区教育：通过宣传推广教育等形式，培养社区居民接纳和尊重矫正对象的意识和习惯 ③挖掘社区志愿力量，加快居民与服务对象的融合
社会工作行政的运用	①宏观方面：将社区矫正的政策法规变成实务活动 ②微观方面：加强机构内部管理，提高矫正效果
社会工作研究的运用	通过社会工作研究，发现矫正对象的问题和深层原因，科学化矫正工作技巧，使矫正工作效果更好，效率更高

第八章 优抚安置社会工作

本章知识体系

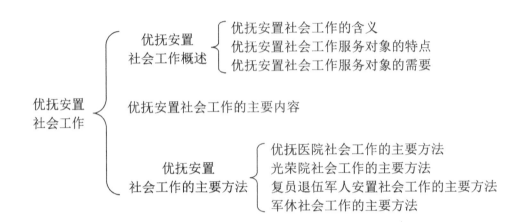

第一节 优抚安置社会工作概述

一、优抚安置社会工作的含义

优抚安置是国家的一项社会保障制度,对现役、退役军人及其家属予以优待、抚恤和安置,以保障其生活水平不低于所在地的平均生活水平。

(一)优抚安置工作的界定(表2-8-1)

表2-8-1 优抚安置工作的界定

要点	内容
优待	国家发给义务兵家属和抚恤补助对象的优待金
抚恤	国家对残疾军人、烈士遗属、因公牺牲军人遗属等给予抚恤优待,分死亡抚恤与残疾抚恤两种
安置	对退役军人、军队离休退休干部及其随军家属和军队无军籍退休退职职工等的扶持、帮助或就业安排

（二）什么是优抚安置社会工作（表2-8-2）

表2-8-2　什么是优抚安置社会工作

要　点	内　容
界　定	在优抚安置领域，综合运用社会工作的专业知识、技能和方法，以优抚安置社会工作服务对象及其相关人员和系统为工作对象
分　类	①优抚医院社会工作 ②光荣院社会工作 ③烈士褒扬社会工作 ④军供社会工作 ⑤复员退伍军人安置社会工作 ⑥军休社会工作

二、优抚安置社会工作服务对象的特点（表2-8-3）

表2-8-3　优抚安置社会工作服务对象的特点

要　点	内　容
覆盖范围广	分为优抚、抚恤和安置三大部分，涉及的范围广泛
军队情结深	长期的军旅生涯，对军队有一种特殊的依恋
需要层次多	包括生理需要、安全需要、归属与爱的需要、尊重的需要、认知的需要、审美的需要和自我实现的需要等
问题压力重	不同的服务对象有着不同的需要与问题

三、优抚安置社会工作服务对象的需要（表2-8-4）

表2-8-4　优抚安置社会工作服务对象的需要

要　点		内　容
优抚医院服务对象	概　述	主要包括伤病残军人、带病回乡复员退伍军人、患严重精神病的复员退伍军人
	需　要	①治疗康复的需要：服务对象最基本的需求 ②基本生存的需要：保障基本生活水平，以经济抚恤为主 ③家庭生活的需要：渴望得到婚姻和家庭的照顾 ④社会交往的需要：渴望与他人交往，建立良好的人际关系 ⑤社会尊重的需要：渴望得到社会的肯定与承认
光荣院服务对象	概　述	光荣院接收自愿入院的下列优抚对象：孤老烈属，孤老退伍红军老战士（含西路红军老战士），孤老残疾军人，孤老复员军人，未满16周岁的烈士遗孤和患有残病生活不能自理、家中无人照顾的烈士子女

(续表2-8-4)

要点		内容
光荣院服务对象	需要	①健康维护的需要：医疗生活的保障，维持健康生活 ②婚姻家庭的需要：得到婚姻家庭的支持 ③社会参与的需要：渴望与他人交往获得亲情与温暖，渴望发挥自己的作用 ④社会尊重的需要：与社会人员有平等的关系，渴望得到社会的肯定与承认
复员退伍军人安置对象	概述	主要包括退出现役的义务兵、复员士官、转业士官、复员干部以及伤病残初级士官和义务兵
	需要	①就业权益保障的需要：当前复员退伍军人最主要的需求 ②社会再适应的心理调适需要：需要完成军人到普通群众角色的变化
军休服务对象	概述	主要为移交政府安置的军休干部，具体包括：抗日战争时期入伍的营职以下军队离休干部，解放战争时期入伍的团职以下军队离休干部，新中国成立后入伍的师职以下军队退休干部，军队退伍士官（含退休志愿兵）
	需要	①军队情结的需要：深受军队中"供给制"思维和"制式化"行为规范的影响 ②社会尊重的需要 ③健康维护的需要：多数军休干部患有不同程度的疾病，对医疗保障需求高 ④多元养老的需要：情感上不愿意到社会福利机构养老 ⑤社会参与的需要

第二节 优抚安置社会工作的主要内容

优抚安置社会工作的主要内容（表2-8-5）

表2-8-5 优抚安置社会工作的主要内容

要点	内容
优抚医院社会工作的内容	①协助处理服务对象及其家庭的问题：入院评估，处理家庭成员之间的关系等 ②协助增强服务对象对医院环境的适应 ③协助处理服务对象与医疗系统的关系 ④出院及跟进服务 ⑤其他方面

(续表2-8-5)

要点	内容
优抚医院社会工作的内容	特别内容 ①复员军人慢性病医院社会工作的内容 主要包括常规的社会工作服务，突出议题是帮助患者学习掌握应对其自身慢性病的方法，辨别和安排社会资源协助其离开医院回到家中或其他机构继续治疗 ②荣誉军人康复医院社会工作的内容 与残疾人社会工作紧密相关，注重帮助退役伤残病军人重返社会，继续社会生活 ③复员退伍军人精神病院社会工作的内容 属于精神病理社会工作，主要包括环境的调适、心理治疗和个案管理
光荣院社会工作的内容	①在入住前，做好服务对象的评估和准备工作 ②在入住后，协助服务对象适应光荣院的新生活 ③为服务对象提供个案心理辅导，帮助其构建新的生活意义 ④策划和组织活动，增进服务对象间的交流互助 ⑤帮助服务对象发挥个人潜能，提高其自我服务能力 ⑥鼓励服务对象参与力所能及的院舍活动 ⑦引导服务对象正确看待死亡 ⑧利用社区或社会资源为服务对象服务 ⑨推动志愿服务并对志愿服务进行督导 ⑩促进光荣院专业服务的发展和专业服务质量的提高 ⑪影响社会及环境的决策 ⑫其他
烈士褒扬社会工作的内容	①开展群体性的心理辅导 ②策划有针对性的宣传纪念活动 ③协助烈士遗物及相关史料的收集 ④协调烈属与陵园之间的纠纷 ⑤协助做好前来扫墓的烈属及其亲友的精神抚慰工作 ⑥协助完善解说词，针对不同的人群凸显宣传教育重点 ⑦推动志愿服务并对志愿服务进行督导 ⑧推动完善相关政策
军供社会工作的内容	①配合部队做好生理、心理问题的预防、解决和转介等工作 ②发动社会力量，整合社会资源，完成军供保障任务 ③协调组建工作人员的支援网络，加强工作人员的心理辅导及沟通技巧，帮助工作人员进行压力释放、情绪疏导 ④对军供站管理和建设进行研究工作，并提供合理的决策建议
复员退伍军人安置社会工作的内容	①协助服务对象适应离开军队的新工作和新生活（军地转化） ②协助服务对象充分利用和发掘其正式和非正式社会支持网络 ③加强协调沟通，推进政府主导、部门协作、社会参与的安置格局形成

（续表2-8-5）

要　点	内　　容
复员退伍军人安置社会工作的内容	④做好信访接待工作，倾听服务对象的心声，及时纾缓其情绪和压力，提供必要的慰藉 ⑤协助搭建信息咨询平台，为服务对象提供信息支持 ⑥积极推进社会政策的良性改变
军休社会工作的内容	①协助军休干部实现角色转换 ②协助军休干部适应军休服务管理机构里的新生活，协助其建立新的人际关系网络 ③协助军休干部正确认识老龄化的过程，适应晚年生活 ④协助军休干部发挥自身政治和经验等优势，为服务社会发挥余热 ⑤协助整合社会资源，提高服务质量 ⑥保障军休干部的合法权益不受侵害 ⑦协助推动相关政策的制定和完善，更好地保障军休干部的利益 ⑧协助做好工作人员的情感疏导和释放压力 ⑨培训工作人员，促进专业化 ⑩推动志愿服务并对志愿服务进行督导

第三节　优抚安置社会工作的主要方法

一、优抚医院社会工作的主要方法（表2-8-6）

表2-8-6　优抚医院社会工作的主要方法

要　点		内　　容
介入重点		危机干预。优抚医院服务对象大多为突发性伤残或者重病患者，他们会思考如何度过剩下的人生等存在性问题，导致出现危机干预
介入策略	开展评估	了解生理—心理—社会因素，了解能够获得的支持和资源情况，掌握重要他人和重要成长史，并且评估自杀情况可能性
	建立关系	对于危机当中的服务对象要及时建立关系，以获得支持和推进工作开展
	聚焦问题	对问题进行扫描，确定担忧和问题清单，采用询问方法掌握问题具体细节，确定处理问题的顺序
	稳定情绪	处理危机带来的紧张感，稳定情绪
	制订方案	处理危机的方案需要是具体的、可测量的、可实现的、有现实性和有时间性的
	实施计划	实施中注意输入希望、提供支持、恢复自尊和培养自主能力等方面
	后续跟进	结案之后应该定期回访了解危机情况是否得到稳定和处理

二、光荣院社会工作的主要方法（表2-8-7）

表2-8-7　光荣院社会工作的主要方法

要　点	内　容	
介入重点	处理对于死亡观念上的问题，整合生活意义和存在价值等问题，完成自我整合任务	
介入策略	人生回顾	（1）建立良好的信任关系 （2）回顾人生经历 ①讲解珍惜生活的重要性 ②引导服务对象寻找往事的意义 ③引导服务对象认识自己的局限和不足 ④引导服务对象重新激活人际关系 ⑤拓展爱好和兴趣圈子，力所能及地关爱他人、服务社会，整合人生意义 （3）制作人生回顾手册 社会工作者可以将谈话记录整理成册，收集让服务对象感到有意义的人生历史资料，肯定其人生价值和精神，让服务对象寻找到当下的意义
	哀伤辅导	（1）组织临终者和有相同或相似经历的成员进行交流，建立支持网络，互相分享分担，合力帮助临终者"善终" （2）服务对象离世后，社会工作者可以协助同辈群体处理情绪，处理压力和心理创伤。其中小组技巧包括： ①分享离世者的生平事迹和临终情况 ②分享离世者的照片和生命回顾手册 ③让小组内的成员分享失去同伴的感受 ④学习情绪放松和锻炼身体的方法 ⑤分享小组成员对死亡和来生的看法

三、复员退伍军人安置社会工作的主要方法（表2-8-8）

表2-8-8　复员退伍军人安置社会工作的主要方法

要　点	内　容	
介入重点	关注复员退伍军人适应新工作和生活的转变，完成告别军旅生涯的过程	
介入策略	开展个案辅导	①协助服务对象做好压力预防 ②协助服务对象做好减压工作 ③协助服务对象构建社会支持网络 沟通时注意始终保持尊重、接纳和关注，给予安慰、鼓励和支持
	开展小组辅导	①小组初期：社会工作者协助成员建立关系、分享经历，重点在协助成员调适心态

(续表2-8-8)

要点	内容	
介入策略	开展小组辅导	②小组中期：社会工作者协助成员制订职业生涯规划，进行自我职业性格分析，了解当前社会和就业环境，介绍退役军人安置政策等，重点在于协助成员完成环境探知 ③小组末期：重点在于就业的心理准备和知识技能准备

四、军休社会工作的主要方法（表2-8-9）

表2-8-9　军休社会工作的主要方法

要点	内容		
介入重点	概述		军休是军人由在职到离职、军队到地方、军人身份到老百姓身份等转变的"再社会化"过程。军休社会工作介入重点是认知问题和情绪问题的处理
	干预技巧	认知重构	改变服务对象的错误认识
		放松技巧	学习在出现压力和焦虑的时候使用放松技巧
		社交技能训练	通过简短任务练习新的社交技巧
		问题解决技巧	社会工作者和服务对象共同找出问题解决方法，过程包括确认目标和问题答案、建设目标任务、完成目标和对目标完成进行报告
		系统脱敏	使得服务对象的焦虑情境和良好的情绪体验联系起来
		模仿和角色扮演	让服务对象模仿和学习一些特别的有良好改变意义的行为
	语言运用技巧	合作的语言	服务对象是自身问题解决的专家，社会工作者的语言应注意询问服务对象的改变意愿和方法
		所有权的语言	鼓励服务对象使用"我"的语言，强调服务对象利用自身优势完成改变和问题处理
		可能性的语言	为服务对象指出生活的可能性，而非固定封闭的重重困难的环境
		解决方法的语言	询问服务对象解决问题的经历，找到面向未来的方法
		说明与澄清的语言	鼓励服务对象澄清和说明状况
介入策略	微观层面		推进军休老人和社区老人融合 ①以军休老人为老人群体服务对象，协助其处理离职的身份改变，处理不合理信念，完成自我整合 ②分享军休所的相关政策和资源服务，改善人际关系，建立合理休养观 ③建立社会支持网络，让服务对象融入社区和社会

(续表2-8-9)

要点		内容
介入策略	中观层面	推进军休社区和驻地社区融合 ①社会工作者鼓励军休服务对象发挥政治优势和红色资源优势，利用网络资源为社区和社会做贡献 ②社会工作者利用社会资源和惠民政策，协助军休服务对象得到帮助和支持
	宏观层面	推进军队保障和地方保障融合 ①推进军区和地方管理体制一体化，建立起军队和地方一体建设、上下联动、关系顺畅、责任明晰的管理体制 ②推进军区和地方政策体系一体化，推进和完善符合市场规律和军队保障社会化的军休政策 ③推进军区和地方社会保障一体化，保障服务对象在军休转变中军地两方的社会保障无缝衔接

第九章 社会救助社会工作

本章知识体系

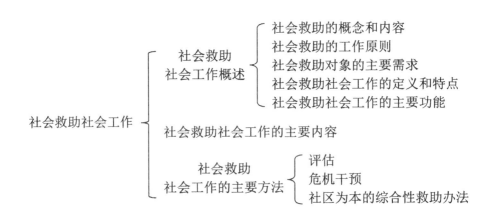

第一节 社会救助社会工作概述

一、社会救助的概念和内容（表 2-9-1）

表 2-9-1 社会救助的概念和内容

要点		内容
概念		社会救助是社会保障体系中不可或缺的组成部分，当社会成员因个人、自然或社会因素，导致基本生活难以维持时，由政府和社会对其提供基本物质保障的救助制度。社会救助是受宪法保障的基本公民权利之一
内容	教育救助	救助对象：在校学生 救助形式：现金救助，如减免学费，发放助学金等；实物救助，如提供学习用品、校服等
	医疗救助	满足贫困群体最低健康需求 救助形式：资助参加新型农村合作医疗和城镇居民基本医疗保险；针对困难个人病患实施医疗费用补助或减免

(续表2-9-1)

要点		内容
内容	住房救助	救助对象：有住房困难的最低生活保障家庭、分散供养的特困人员 救助形式：租金减免、补贴，实物配租，租金补贴还贷等
	受灾人员救助	对自然灾害造成的生活困难者，提供生活必要的物质帮助，以维持其最低的生活水平
	临时救助	国家对遭遇突发事件、意外伤害、重大疾病或其他特殊原因导致基本生活陷入困境，其他救助制度无法覆盖的严重困难家庭或个人给予的应急性和过渡性的救助。提供发放救助金、实物或者转介服务。对流浪乞讨人员的救助属于此类
	最低生活保障	对家庭人均收入低于当地居民最低生活标准的家庭提供补足到当地低保标准的收入补充型救助制度
	特困人员供养	国家对无力劳动、无生活来源且无法定赡养、抚养、扶养义务人，或其法定赡养、抚养、扶养义务人无赡养、抚养、扶养能力的老年人、残疾人以及未满16周岁的未成年人，给予特困人员供养。主要内容包括：提供基本生活条件，对生活不能自理的给予生活照料，提供疾病治疗，办理丧葬事宜等
	就业救助	对于低保家庭且有工作能力却在失业状态的成员提供贷款贴息、社会保险补贴、岗位补贴、培训补贴、费用减免、公益岗位安置等方法实现就业的服务

二、社会救助的工作原则

（1）救急难。
（2）托底线。
（3）可持续。

三、社会救助对象的主要需求

在马斯洛需要层次理论的五个层次上均有体现：
（1）满足基本生活条件的生理需求。
（2）满足人身安全、保障健康和财产安全的安全需求。
（3）来自亲人、邻里和社会的关爱的社交需求。
（4）自我尊重和外界尊重的尊重需求。
（5）通过潜能发挥实现自我的需求。

四、社会救助社会工作的定义和特点（表2-9-2）

表2-9-2 社会救助社会工作的定义和特点

要点	内容
定义	在社会救助社会工作领域中，以社会工作价值理念、理论、知识为指引，采用社会工作的专业方法和技巧，使得社会救助对象获得物质救助、精神提升、恢复社会功能的专业服务过程

(续表2-9-2)

要点	内容
特点	①救助对象的多样性：社会的低收入群体和因突发事件陷入困境的家庭或个人 ②救助类型的复杂性 ③工作过程的持续性：不是一次性的救助行为，持续至服务对象摆脱困境 ④工作方法的融合性：不同的对象有着不同的困难原因，需要社会工作者融合处理 ⑤工作依据的政策性：社会救助是法律赋予公民的权利，工作时应依据相应政策开展

五、社会救助社会工作的主要功能

（1）协助服务对象申请合适的救助项目。
（2）协助服务对象提升反贫困的能力。
（3）促进服务对象的社会融合与社会支持。
（4）发现和解决服务对象的心理困扰。

第二节 社会救助社会工作的主要内容

社会救助社会工作的主要内容（表2-9-3）

表2-9-3 社会救助社会工作的主要内容

要点		内容
最低生活保障中的服务内容	服务对象识别	社会工作者深入了解低保家庭实际生活状况，确保把困难群众纳入低保，督促低保金发放
	帮助申请救助	帮助困难家庭按照相关政策申请对应的救助项目
	提供心理支持	给予精神压力大、心理焦虑的服务对象心理支持
	调节家庭关系	了解服务对象家庭环境，调节家庭关系，改善家庭生态环境
	开展能力建设	通过培训和技能提升，帮助有能力就业的救助对象就业
	促进社会融入	通过发动社会参与，使得低保家庭和社区居民互帮互助
特困人员供养中的服务内容		①提供基本生活条件，保障衣、食、住、行 ②为自理困难人员提供日常生活照料 ③提供疾病治疗 ④办理丧葬事宜
医疗救助中的服务内容		①协助服务对象申请合适的医疗救助 ②参与救助政策的制定，改善救治环境 ③通过社会保险、民政部门和医疗机构等相关单位协调医疗资源 ④加强社会和家庭关系网络，强化服务对象社会支持

(续表2-9-3)

要点		内容
住房救助中的服务内容	帮助贫困群体申请住房救助	熟悉了解住房救助的政策和程序，更有效地帮助服务对象
	宣传讲解政策	社会工作者协助服务对象了解和理解相关政策和救助条件，协助其正确对待和接受结果
教育救助中的服务内容	提供教育机会	社会工作者了解清楚救助对象的家庭情况，帮助其根据政府政策申请教育救助
	提供教育补助	帮助救助对象在校申请政府的"奖、贷、助、补、减"教育资助
	心理能力建设	社会工作者在提供服务过程中，给予服务对象正向支持，鼓励其参与社区和学校活动，引导其从优势视角看待自己的生活，获得成长
就业救助中的服务内容	转变就业观念	社会工作者帮助服务对象建立正确的就业观，引导其参加培训，了解就业信息
	自我认知调整	社会工作者协助服务对象分析就业形势及自身的优点和不足，调整心态，积极就业
	职业技能培训	社会工作者了解政府提供的就业相关服务，协助服务对象进行申请
	连接就业资源	综合了解救助对象的就业情况和相关政策，开发就业岗位和处理就业相关问题
临时救助中的服务内容	危机干预	确保服务对象生命安全
	外展服务	通过外展了解需要救助的服务对象，尤其是流浪乞讨人员
	机构救助	告知服务对象到救助机构寻求帮助的方法，提供机构救助服务
受灾人员救助中的服务内容	协助安置受灾人员	保护其生命，减少财产损失
	及时开展危机干预	安抚灾民情绪，处理危机事件
	恢复社会支持网络	通过团体工作和社区开发方式，让受灾人员重建社会支持网络
	灾后社区重建	整合社区资源，引导多方参与

第三节 社会救助社会工作的主要方法

一、评估（表2-9-4）

表2-9-4 评 估

要 点		内 容
评估的主要特点	保持连续性	救助对象的状况会不断变化，应该对其情况保持不间断的评估
	救助对象的参与	对救助对象的评估是双方共同参与的，让救助对象了解自己是改变的主体
	动态推进，全面了解	从了解救助对象的基本资料到分析问题深层原因是一个动态的连续过程
	合理利用知识和经验	救助对象间的差异巨大，评估不能单凭感觉，需要知识和理论作为依据
评估信息的获得方式	直接询问	以最直接的高效率方式获得服务对象问题和需求的相关情况
	家庭探访	通过家庭了解服务对象的真实生活状况和家庭经济情况
	间接了解	通过他人渠道了解服务对象资料
	观察身体语言	通过交流时候的身体语言了解问题的重要性和影响程度
	使用量表	通过量表的使用获得数字化数据
评估的程序		①了解服务对象的现状以及服务需求 ②根据救助政策评估救助对象的申请资格 ③评估社会工作者所在机构和服务对象所在社区的资源
评估的重点		①救助对象的关注重点和问题核心 ②救助对象的情况是否符合相关的法律法规条件 ③救助对象的健康和安全问题是否迫切 ④救助对象发生问题的具体原因、时间、地点和过程 ⑤问题对救助对象的影响以及救助对象的反应 ⑥救助对象及其家庭拥有的解决办法、能力和资源

二、危机干预（表2-9-5）

表2-9-5 危机干预

要 点		内 容
危机的定义和阶段	定 义	危机是指在意外事件、突发重大疾病等情况下，个人既无法逃避，也无法使用资源和应激反应来处理问题，从而出现的心理和行为失衡情况
	危机反应的三个阶段	①初始的紧张和惊吓 ②紧张情绪 ③采用不同策略尝试是否有效
危机干预的步骤	定义危机中的问题	尽快了解问题的严重性和影响，鼓励救助对象说明问题以作出正确评估

(续表2-9-5)

要点		内容
危机干预的步骤	确保服务对象的生命安全	在危机当中有人容易伤害自身和他人，在危机当中应该密切关注安全问题
	提供持续性支持	危机的发展有持续性，危机干预的持续有利于帮助救助对象走过危机
	检验各种可能的选择	通过发现和思考各种选择的可能性，寻找问题处理的办法，降低救助对象的压力和焦虑
	制订方案	与救助对象一齐制订具体的问题解决方案
	形成共识	充分考虑救助对象的能力，与其形成共识，合作完成方案

三、社区为本的综合性救助办法（表2-9-6）

表2-9-6 社区为本的综合性救助办法

要点	内容
针对个人的个案工作	①社会工作者直接提供帮助 ②服务救助个人或者家庭 ③采用一对一、面对面的工作方法 ④帮助救助对象适应环境 ⑤以提高自身能力、解决现实问题为目标
针对困难群体的小组工作	通过群体互动方式，增强救助对象的社会功能，组员互相分享，彼此支持，提高自信和增加脱贫动力
注重社区能力提升的社区工作	通过综合整理社区资源、营造良好救助环境，为救助对象提供综合服务

第十章 家庭社会工作

本章知识体系

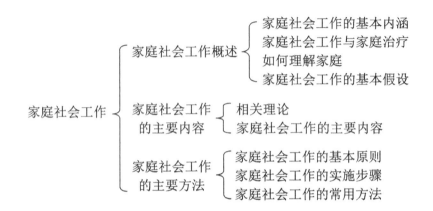

第一节 家庭社会工作概述

一、家庭社会工作的基本内涵（表 2-10-1）

表 2-10-1 家庭社会工作的基本内涵

要　点	内　容
通用的定义	家庭社会工作指运用社会工作的专业理论和方法，帮助家庭解决面对的困难，更好地发挥家庭的社会功能，满足所有家庭成员的发展和情感需要的专业社会服务
基本功能	①在社会工作者的协助下，帮助家庭成员做好改变的准备 ②结合家庭治疗和支持，保证家庭维持有效的家庭功能 ③维护家庭成员满意的日常生活方式，促进家庭功能的改善

二、家庭社会工作与家庭治疗

1. 区别

（1）起源不同。

（2）关注点不同。

（3）工作理念不同。

（4）专业关系不同。

2. 联系
（1）服务领域相互影响。
（2）服务模式相互影响。
（3）工作人员相互影响。

三、如何理解家庭（表 2-10-2）

表 2-10-2　如何理解家庭

要　点	内　容
家庭的定义	一群通过血缘、婚姻或法律连接起来，并且拥有共同历史和未来以及深厚感情联系的人
家庭的结构类型	①核心家庭：夫妻与未婚子女 ②主干家庭：父母与一对已婚子女 ③联合家庭：父母和多对已婚子女 ④领养家庭 ⑤寄养家庭 ⑥单亲家庭

四、家庭社会工作的基本假设

（1）家庭支持是家庭成员社会生活的基础。
（2）家庭中心视角是把握家庭成员需求的关键。
（3）家庭危机是促使家庭成员改变的重要契机。
（4）生态视角是理解家庭内外部环境的重要依据。

第二节　家庭社会工作的主要内容

一、相关理论（表 2-10-3）

表 2-10-3　相　关　理　论

要　点	内　容
家庭系统理论	①家庭成员的问题来自于整个家庭不良的沟通交流方式 ②家庭所面对的危机既是机会，也是挑战 ③因"问题"而导致的家庭功能失调能够得到有效解决 要注意的是： ①不是所有的家庭功能失调都是交流沟通不良而导致的 ②应该让家庭成员看到问题与交流沟通方式之间的关联，引导其进行正常有效的沟通

(续表2-10-3)

要点		内容
家庭生命周期理论	概述	家庭生命周期指的是一个家庭从形成到解体循环的运动过程，即家庭成立之日起，经历的一系列发展阶段，并分裂出新的家庭，最终本家庭灭亡的过程
	家庭组成阶段	夫妻双方脱离原生家庭，组建新的家庭，形成夫妻的家庭角色分工和规则
	学前子女家庭阶段	夫妻双方学习如何为人父母，在此过程中调整夫妻的角色
	学龄子女家庭阶段	子女进入学校等新机构进行学习，应培养子女的独立性，接纳家庭的变化
	青少年家庭阶段	适度地调整界限以满足青少年的独立要求，同时适应家庭成员对个人自主性的新要求
	子女独立家庭阶段	子女成年后，为其独立生活做准备，此阶段注重接纳和促进子女独立的要求
	家庭调整阶段	重新调整夫妻角色，学习把子女当作成年人对待
	中年夫妇家庭阶段	适应不以子女为中心的角色要求
	老年人家庭阶段	注意学习与成人子女和孙子女的沟通和交流，应对衰老带来的生活不便，维持独立、有尊严的晚年生活
生态系统理论	微观系统	个人生活中直接接触的系统，如家庭
	中观系统	个人积极参与的两个或以上微观系统之间的互动关系，如学校与家庭关系
	外部系统	对个体存在影响但个体不直接参与互动的系统，如家庭所在的社区
	宏观系统	社会文化价值系统，通过微观、中观、外部系统来影响每一位家庭成员

二、家庭社会工作的主要内容（表2-10-4）

表2-10-4 家庭社会工作的主要内容

要点	内容
家庭行为学习	运用行为学习理论，对年轻子女成长中出现的行为问题进行干预，要求社会工作者先与父母建立好的合作关系进而指导父母对孩子的行为做出应对
家庭照顾技巧训练	运用行为学习理论，对与孩子沟通有困难的家长进行家庭照顾技巧训练。要求社会工作者首先把问题具体化，设计新行为测试效果，根据效果调整行为
家庭心理健康教育	将家庭教育、技能训练和社会支持等方式综合成一体的服务

(续表2-10-4)

要点	内容
婚姻辅导	①运用行为理论指导夫妻角色学习 ②利用家庭系统理论改善夫妻沟通交流方式 ③采用性别视角预防家庭暴力，达到夫妻关系和睦平等
家庭暴力的干预	对受暴妇女提供法律援助，开展反对家庭暴力的综合干预行动，如提高妇女的平等意识，男性的愤怒情绪控制小组

第三节 家庭社会工作的主要方法

一、家庭社会工作的基本原则（表2-10-5）

表2-10-5 家庭社会工作的基本原则

原则	要求
家庭处境化原则	在家庭日常生活中了解和观察家庭成员
家庭成员增能原则	鼓励家庭成员积极参与问题的解决过程，增强自身能力
家庭个别化原则	每一个家庭都是独特的，注意和尊重其独特性
家庭成员需求满足原则	关注家庭的目前需要和长远需要，并将问题的解决和预防以及发展结合起来

二、家庭社会工作的实施步骤（表2-10-6）

表2-10-6 家庭社会工作的实施步骤

阶段	社会工作者的主要任务
接触阶段	①做好准备工作，在首次会谈前，对受助家庭的资料充分了解，并设计好会谈内容 ②在会谈中，与受助家庭建立基本信任关系 ③初次会谈中，初步评估受助家庭的问题
开始阶段	①通过创造良好的家庭会谈氛围，与受助家庭建立稳定和互相信任的合作关系 ②全面客观地评估受助家庭的每一位成员的需要 ③订立明确的服务介入目标和为了达到目标所做的基本安排
介入阶段	①制订服务介入的计划，了解受助家庭的问题所在，订立目标，制订介入方案

(续表2-10-6)

要点	内容
介入阶段	②在介入过程中,明确自己的专业角色,运用社会工作专业技巧帮助受助家庭解决问题(社会工作者的常见角色:支持者、教育者、咨询者、使能者、资源调动者)
结束阶段	①与受助家庭商讨服务结束的相关事宜 ②总结和巩固整个服务过程中取得的成果

三、家庭社会工作的常用方法(表2-10-7)

表2-10-7 家庭社会工作的常用方法

要点		内容
家庭评估的常用方法		家庭评估中,常用家庭结构图作为评估工具 家庭结构图绘制的三项基本原则: ①长辈在上,晚辈在下 ②同辈关系中,年长的居左,年幼的居右 ③夫妻关系,男左女右
家庭干预的常用技巧	观察技巧	系统记录家庭成员的行为表现,帮助家庭成员调整其行为
	聚焦技巧	将受助家庭成员的注意力都集中在需要关注并待解决的问题上
	例子引用	利用举例子的方式,向家庭成员解释、描述和传递重要信息和理论
	再标签技巧	用更为积极的方式和角度去看待问题,改变以往的消极态度和认识

第十一章　学校社会工作

本章知识体系

学校社会工作
- 学校社会工作概述
  - 学校社会工作的要素及其特点
  - 学校社会工作的定位
  - 学校社会工作的功能
- 学校社会工作的主要内容
  - 满足所有学生一般需求的学校社会工作
  - 满足部分学生特殊需求的学校社会工作
- 学校社会工作的主要方法
  - 抗逆力理论与方法
  - 个案管理的方法
  - 小组工作方法的运用

第一节　学校社会工作概述

一、学校社会工作的要素及其特点（表2-11-1）

表2-11-1　学校社会工作的要素及其特点

要点		内容
要素		①学校社会工作的属性 ②学校社会工作的对象 ③学校社会工作者 ④学校社会工作的目的
特点	专业性	学校社会工作是依据社会工作的专业知识和理论开展的
	科学性	学校社会工作在社会工作的科学理念指导下进行
	艺术性	学校社会工作是一门塑造学生心灵的艺术
	网络性	学校社会工作需要发动学校、家长等形成团体，形成综合服务网络资源

二、学校社会工作的定位(表 2-11-2)

表 2-11-2 学校社会工作的定位

要 点	内 容
与德育的关系	①学校社会工作以学生为本,促进学生的全面发展,工作方法突出由内而外,工作对象包括学生、家长、教师和社区 ②学校德育以学校及社会的思想道德要求为根本,工作对象主要是学生 ③在社会工作实践中,要注意防止学校社会工作的过分"德育化"
与心理健康教育的关系	①学校社会工作注重学生与学校环境的互动,关注学生的社会关系与互动 ②心理健康教育注重学生个体自身的作用,关注学生的内在心理活动
与班级管理的关系	①社会工作者关注的重点是学生的身心发展和人格的成长,重点在学生个人发展层面 ②班主任关注重点是班级的管理秩序以及提高学生的学习成绩,重点在班级制度层面
与生活管理的关系	生活管理是学校社会工作服务内容之一,但不能将学校社会工作等同于生活管理,需要与学校老师相互配合完成

三、学校社会工作的功能

(1)帮助处境不佳的学生,促进教育机会均等。
(2)助力学生更好地学习知识。
(3)协助学生提高适应社会的能力。
(4)完善学生人格,实现人生积极成长。
(5)调动资源形成优质教育合力。

第二节 学校社会工作的主要内容

一、满足所有学生一般需求的学校社会工作(表 2-11-3)

美国学者对学校的社会工作做系统分析,发现其中 25 个项目较为成功,归纳为学生 15 个方面的需要:与健康成人和益友的关系、社交能力、情绪表达和情绪控制能力、认知能力、采取行动能力、辨别是非能力、自我效能感、亲社会规范、抗逆能力、自决能力、心灵素质、明确及正面的身份、建立目标和抉择的能力、参与公益活动、对正面行为的肯定。

其中核心能力是社交能力、认知能力、情绪表达和情绪控制能力、理性采取行动的能力、明辨是非的能力。

表2-11-3　满足所有学生一般需求的学校社会工作

要点	内容
促进学生与健康成人和益友的联系	①关注学生与老师之间的关系建立，协助学生融入学校 ②提升学生对自己性格的认识，觉察性格对人际交往的影响 ③引导学生辨别益友和损友，学会拒绝 ④巩固学生与父母的关系，使家庭和谐 ⑤协助学生良好处理异性交往
增强学生明确自我身份和有效处理冲突的社交能力	①增强学生公民意识，了解国家时事 ②协助学生认识所在的城市或乡村，培养乡土情怀和主人翁意识 ③协助学生认识外地人士，减少歧视 ④协助学生建立贡献家乡的愿景 ⑤引导学生思考奉献祖国和家乡 ⑥探讨与父母之间的冲突，提供参考办法
增强学生情绪控制和表达能力	①教育学生情绪的基本概念 ②培养学生辨别情绪的能力 ③提高学生识辨别人的感受和情绪的能力 ④引导学生思考负面情绪 ⑤加强父母子女之间交流不快经历 ⑥鼓励学生向朋友倾吐不快 ⑦引导学生认识情绪问题的形成和影响 ⑧引导学生以正面想法去面对负面想法
促进学生的认知能力	①引导学生使用理性思考、创意思考和批判思考技巧，并掌握反思技巧 ②引导学生在不同思考技巧上掌握思维性格的特点 ③引导学生用不同的思维性格处理日常问题 ④引导学生认识事实和意见的区别
提升学生的行动能力	①注意学生社交行为的改变 ②让学生理解道歉的重要性 ③指导学生赞赏别人和回应别人的赞赏 ④引导学生讨论宽恕
提升学生辨别是非的能力	①教导学生理解公平的意义和重要性 ②引导学生分辨公德和缺德行为 ③引导学生追求公平时考虑他人的感受和需要 ④引导学生反思自私行为 ⑤引导学生讨论和朋友发生矛盾时应有的态度 ⑥讨论诚信问题
增强学生自我效能感	①引导学生建立"天生我材必有用"的观念 ②引导学生体验成功后的自我效能感 ③引导学生理解父母期望 ④协助学生制定SMART策略目标 ⑤协助学生提升学习上的效能感

(续表2-11-3)

要点	内容
增强学生自我效能感	⑥引导学生减少不合理信念的思考 ⑦协助学生理解理想
促进学生培养亲社会规范	①教导学生界定社会规范 ②引导学生识别不同的风俗习惯 ③让学生理解每个人都有社会责任 ④让学生分辨社会对从众行为的不同期待 ⑤引导学生了解违反社会道德的正面和负面制约 ⑥教导学生衡量正面和负面制约 ⑦培养学生在做决定时加入道德思考 ⑧培养学生批判性地面对社会接纳行为

二、满足部分学生特殊需求的学校社会工作（表2-11-4）

表2-11-4 满足部分学生特殊需求的学校社会工作

要点		内容
针对学业困境的学生	服务对象	学习成绩未能达到相应标准的学生
	问题原因	自身原因、家庭原因、学校原因、社区原因
	工作方法	①个案帮助 ②团体互助 ③与任课教师合作 ④协调利用社会资源
针对人际关系困境的学生	服务对象	渴望拥有正常人际关系，但现实难以实现的学生
	困境类型	沉默寡言、遭人排挤、行为偏激、专横霸道
	工作方法	①个案方法辅导 ②团体促进 ③能力提升与德育结合 ④协调利用家校资源
针对家庭生活困境的学生	服务对象	主要为来自贫困家庭和特殊家庭的学生
	面临问题	情绪问题、经济压力问题、孩子照顾问题
	工作方法	①情感支持 ②发展支持系统 ③运用社会资源 ④开发学生潜能
针对心理困境的学生	服务对象	出现心理偏差的学生
	常见心理困境	沮丧、压抑、冷漠、嫉妒、焦虑及孤独等
	工作方法	①个案方法：帮助学生纾缓情绪，寻找原因，并加以解决 ②小组方法：有相同问题的学生成立小组，相互支持，共同解决问题 ③普及心理学知识：帮助学生得到其他同学的理解和支持 ④营造良好的学校环境

(续表2-11-4)

要点		内容
针对特殊行为问题的学生	服务对象	有暴力倾向、网络成瘾或者违纪违法的学生
	工作方法	①开展深入细致的个案工作 ②建立团体，形成正向影响 ③关注问题学生的家庭，凝聚力量，促进其所处环境的改变 ④整合开发社会资源，寻找和争取社会支持

第三节 学校社会工作的主要方法

一、抗逆力理论与方法（表2-11-5）

表2-11-5 抗逆力理论与方法

要点		内容
抗逆力的理论来源和表现	理论来源	抗逆力是优势视角基本信念中重要的一部分。基本理念是个人虽然面临严重问题和危险，但仍能很好地适应逆境，并达到比预想还要积极的结果和状态 抗逆力是个人具有的某些特质或能力，能促使个人即使处于危机或压力中，仍能发展出正面而有建设性的应对策略 抗逆力是一种适应能力，纵使面对生活中的种种不幸，个人也能克服并且从中成长
	表现形式	有常规和非常规两种方式
抗逆力的构成要素	外部支持因素	①良性的人际关系 ②坚定清晰的规范 ③关怀支持的环境 ④积极合理的期望 ⑤有意义的参与机会
	内在优势因素	①积极的个人形象感：对自身有较强的认同感 ②积极乐观感：对未来生活充满希望
	效能因素	①人际技巧 ②解决问题能力 ③情绪管理 ④目标订立
培养抗逆力的六个操作性环节		①促进亲社会联结：促进社交网络的建立 ②建立清晰稳定的边界：以纪律形式规范行为 ③教授生活技能：培养解决能力，形成自觉化行为

(续表2-11-5)

要点	内容
培养抗逆力的六个操作性环节	④提供关怀与支持：关怀与支持是抗逆力形成的关键因素 ⑤建立和表达高期望 ⑥提供机会，促进参与

二、个案管理的方法（表2-11-6）

表2-11-6　个案管理的方法

要点	内容
基本过程	（1）识别服务对象 主要有四条途径： ①班主任或者任课老师的转介 ②同辈的推介：有个人主观的看法，需要慎重对待 ③服务对象或者其家庭主动寻求帮助 ④社会工作者主动发掘：在社会工作过程中观察留意 （2）对服务对象生态系统进行评估 （3）评定服务对象的社会支持网络 （4）完成"资源—社会支持网络—服务对象"的对接 （5）监管服务的传送 （6）评估
个案管理者的角色	①服务经纪人 ②使能者

三、小组工作方法的运用

小组工作是学校社会工作中运用普遍、颇有成效的方法，包括以下五个阶段：

1. 考察与预估
 （1）按需开展。
 （2）自愿原则。
2. 制订计划
3. 实施计划
4. 评估与调整计划
5. 再评估

第十二章 社区社会工作

本章知识体系

社区社会工作
- 社区社会工作概述
  - 社区社会工作的含义
  - 社区社会工作的目标
- 社区社会工作的主要内容
  - 城市社区社会工作的主要内容
  - 农村社区社会工作的主要内容
- 社区社会工作的主要方法
  - 社区社会工作的过程
  - 社区社会工作的主要方法

第一节 社区社会工作概述

一、社区社会工作的含义（表2-12-1）

表2-12-1 社区社会工作的含义

要 点	内 容
社区的三种意义	从社会工作的角度来看，社区包括了三种意义： ①是一个工作地点和环境 ②是一个互相关怀和照顾的网络 ③一个影响社会政策的基地
社区社会工作的含义	①实务领域的社区社会工作 ②专业方法的社区社会工作

二、社区社会工作的目标

（1）促进居民参与，解决社区问题。
（2）改善社区关系，提升社区意识。
（3）挖掘社区资源，满足社区需求。

第二节 社区社会工作的主要内容

一、城市社区社会工作的主要内容（表2-12-2）

表2-12-2 城市社区社会工作的主要内容

要点		内容
社区公共服务	社区福利服务	社区服务体系是指以各类社区服务设施为基础，以社区居民、驻区单位为服务对象，以满足社区居民公共服务和多样性生活服务需求为主要内容，政府引导支持，多方共同参与的服务网络及运行机制。社区服务包括面向弱势群体的服务和面向小区内居民的服务 （1）面向弱势人群的福利服务，包括： ①为老年人提供的福利服务 ②为残疾人提供的福利服务 ③为优抚对象提供的福利服务 ④为青少年提供的福利服务 ⑤为贫困者提供的福利服务 （2）面向小区内居民的便民服务，包括： ①居民生活服务 ②家务劳动服务 ③文化生活服务
	社区就业工作	①开发在社区内的就业机会，鼓励多种形式就业 ②再就业优惠政策的宣传和执行落实 ③开展就业服务和就业培训
	社区治安服务	（1）我国社区治安的组织体系 ①城市街道办事处治安工作部门 ②社区居民委员会的保卫部门 ③社区内企事业单位的保卫部门 （2）社区治安的主要内容 ①宣传治安知识的教育工作 ②协助公安机关开展工作 ③协助有关部门管理外来人口 ④向相关部门反映社区治安动态，以及提出意见、要求和建议
	社区教育服务	从社区发展的角度出发，社区教育应该以社区工作为重，强调社区居民通过集体行动改善生活质量，增强社区居民自信心，并提升关心社会的意识。具体工作内容：

(续表2-12-2)

要 点	内 容	
社区公共服务	社区教育服务	①从基本目标看：补偿式教育、控制式教育、发展式教育 ②从服务功能看：家庭生活教育、公民教育、成人教育、健康教育
	流动人口服务	①流动人口城市融入相关服务 ②流动儿童服务 ③流动人口计划生育管理服务
社区志愿服务	①策划社区志愿服务项目，带领志愿者开展服务 ②发掘培养社区志愿者骨干，培育扶持社区志愿服务组织 ③组织开展志愿者培训 ④做好志愿者管理	

二、农村社区社会工作的主要内容（表2-12-3）

表2-12-3 农村社区社会工作的主要内容

要 点	内 容	
农村社区建设	加快农村社会从封闭到开放的改变，完善农村社区资源整合，具体工作包括： ①开展农村社区服务试点：尝试将公共服务引进农村社区 ②提升农民综合素质和能力 ③培养发展农村社区社会组织：通过社会组织力量加强农村发展建设步伐，推进农村社区发展	
农村扶贫开发	社会工作者对于农村扶贫开发工作主要包括两个方面： ①执行国家扶贫开发相关政策，服务贫困人口 ②设计实施和促进农村发展的社会工作服务项目	
农村特殊群体社会服务	概述	针对由于城市化问题而在农村留守的三类特殊群体提供服务
	农村留守儿童社会服务	①留守儿童成长服务：针对儿童成长和发展开展学业辅导等服务 ②留守儿童家庭服务：为留守儿童照顾者提供培训，指导其教育儿童，促进儿童成长 ③预防犯罪和矫治服务：预防留守儿童犯罪，矫正已有的偏差行为 ④留守儿童社区托管服务：动员农村社区发展正式和非正式组织拓展儿童托管服务
	农村留守老人社会服务	①机构养老服务 ②居家养老服务 ③社区养老服务

(续表2-12-3)

要点		内容
农村特殊群体社会服务	农村留守老人社会服务	④老人合法权益保障服务：加强《中华人民共和国老年人权益保障法》宣传，建立农村老年人维权服务中心 ⑤老人文化娱乐活动：利用现有农村场地，组织老人参与社会活动；倡导成立农村老年人娱乐文体组织；开展农村老年人社区教育，丰富精神文化生活
	农村留守妇女社会服务	①协助开展保健服务：宣传妇女健康知识，提高妇女保健意识 ②心理健康服务：缓解农村妇女压力，疏导情绪，维护心理健康 ③技能训练和创业支持：通过教育培训提高农村妇女文化素质，帮助其就业、创业 ④文化娱乐活动：开展活动促进妇女之间的交流和互动

第三节　社区社会工作的主要方法

一、社区社会工作的过程（表2-12-4）

表2-12-4　社区社会工作的过程

要点	内容
社区分析	①社区类型分析 ②社区基本情况分析 ③社区问题分析（共同性问题、群体性问题） ④社区需求分析（感觉性需求、表达性需求、规范性需求、比较性需求）
社区服务（活动）方案策划	（1）服务或者活动策划前的分析工作： ①服务对象分析 ②问题分析 ③社区服务或活动的逻辑推进步骤分析 （2）服务或活动策划过程： ①确认社区需求 ②描绘社区内居民或者服务对象的特征 ③订立工作目标 ④评估社会工作者和机构的能力 ⑤制订服务或活动的工作进度表 ⑥程序编排
社区服务（活动）方案执行	①筹备阶段：主要是对人员、资金以及所需物质的安排并对服务或活动进行宣传推广

(续表2-12-4)

要点	内容
社区服务（活动）方案执行	②服务或活动阶段：包括预算、时间进度、服务品质等方面的管理和人员士气的鼓励与提升 ③结束阶段：包括经费报销、资料总结归档、对相关人员进行表彰、评估服务成效等
社区服务（活动）方案评估	社区服务（活动）方案的评估内容包括成效评估和方案过程评估 （1）成效评估的方法有以下两种 ①采取定量的方法，即通过调查问卷的形式，收集社区居民和服务对象参与服务（活动）后的满意度 ②采用定性的方法，即通过深度访谈、观察、文件档案整理分析来评价社区服务（活动）方案的成效 （2）方案过程评估 一般只能采取定性评估法，主要是总结方案策划以及方案执行的基本情况

二、社区社会工作的主要方法（表2-12-5）

表2-12-5 社区社会工作的主要方法

要点	内容	
资源链接	社区资源的定义	指可以被社区运用为社区居民服务的一切人力、物力、财力、文化和组织等资源
	社区资源的连接方式	资源整合、资源共享、资源流通
推动居民参与	社区参与的层次和形式	①层次由低到高的有：告知、咨询、协商、共同行动、社区居民自治 ②居民参与的层次越高，越能够充分反映社区居民的意见，也越能符合社区的需求
	影响社区居民参与的因素分析	①参与价值 ②参与意愿 ③参与能力
	推动社区居民参与的策略	①促进社区居民对参与价值的肯定 ②提升社区居民的参与意愿 ③提高社区居民的参与能力
建立社区支持网络	①个人网络 ②志愿者联系网络 ③互助网络 ④邻居协助网络	

第十三章 医务社会工作

本章知识体系

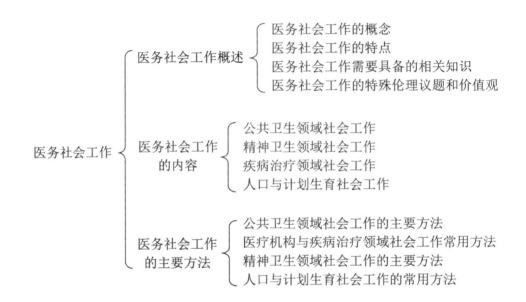

第一节 医务社会工作概述

一、医务社会工作的概念（表 2-13-1）

表 2-13-1 医务社会工作的概念

要点		内容
定义	广义	不仅协助病人及其家属解决与疾病相关的社会、心理问题，而且也注重对影响健康的社会心理因素的探索，整合社会资源推动医疗方面的社会福利，促进疾病预防等
	狭义	在医疗保健机构内开展的社会工作专业服务，包括帮助病患者及其家属解决与疾病相关的情绪问题，获取更多的资源和更好地适应医疗过程
功能		①诊断与评估 ②咨询与辅导

(续表2-13-1)

要点	内容
功能	③寻求与整合资源 ④政策和服务倡导 ⑤多专业协调与合作

二、医务社会工作的特点

（1）与医疗卫生体系相融合。
（2）以服务对象的健康为主导。
（3）"以病人为中心"的理念。
（4）服务规范的专业化。

三、医务社会工作需要具备的相关知识

医务社会工作者需具备一般社会工作知识，还应同时具备卫生健康领域的特殊知识，包括：
（1）人类行为发育理论。
（2）基本医疗常识和医学知识。
（3）疾病的社会心理反应方面的知识。

四、医务社会工作的特殊伦理议题和价值观（表2-13-2）

表2-13-2 医务社会工作的特殊伦理议题和价值观

要点	内容
隐私保护	如疾病咨询、病历记录等
有限资源的有效利用	特别是在对于服务对象决定治疗方案或放弃治疗时
安乐死	我国尚无明确法律规定
药物或临床研究	必须遵循相关的不伤害和告知原则

第二节 医务社会工作的内容

一、公共卫生领域社会工作（表2-13-3）

表2-13-3 公共卫生领域社会工作

要点	内容
主要内容	①强调初级预防层面的干预

(续表2-13-3)

要点	内容
主要内容	②专注于通过干预，强化社区、家庭及个人的健康水平，减少残疾的发生和院舍化的照顾 ③社会工作者与其他专业人员合作，确保所有人群都能获取健康照顾和社会服务
公共卫生社会工作者角色	直接服务提供者、研究者、咨询者、管理者、项目计划者、评估者和政策制定者

二、精神卫生领域社会工作（表2-13-4）

表2-13-4 精神卫生领域社会工作

要点		内容
定义		精神卫生领域社会工作是指专业工作人员在精神疾病防治方面和心理健康方面所开展的专业服务
我国精神卫生领域现状和特点		①精神疾病占我国疾病负担的首位 ②我国精神障碍总体高发，治疗率低 ③精神卫生服务资源总量不足，资源配置不平衡 ④精神卫生已经上升为公共卫生、社会问题和法律问题
精神卫生领域社会工作的主要内容	针对住院患者	①住院适应 ②心理支持 ③整合各类治疗方法
	针对患者家属	①减轻照顾者的压力 ②获得精神疾病知识辅导和支持
	针对社区康复患者	①普及精神卫生知识 ②开展精神卫生患者康复训练 ③社区资源链接 ④提供咨询 ⑤开展转介工作
	心身疾病的致病原因和防治方法	（1）心身疾病成因 ①生物学因素 ②生活方式和行为习惯 ③心理应激和情绪因素 ④认知因素 ⑤个性特征 ⑥人际关系和社会因素 （2）心身疾病的综合防治方法 ①提高自尊，转化不良情绪 ②鼓励心身疾病患者学习新的健康行为和生活方式 ③鼓励患者重新适应社会 ④对心身疾病患者加强教育，改变传统不良观念

(续表2-13-4)

要点	内容	
精神卫生领域社会工作的主要内容	社会工作者在精神卫生领域的角色	①微观层面：诊断者、辅导者、教育者、倡导者、转介者和协调者 ②宏观层面：政策服务方面的行政者、推动者和研究者

三、疾病治疗领域社会工作

（一）慢性病和长期照顾的社会工作（表2-13-5）

表2-14-5 慢性病和长期照顾的社会工作

要点		内容
糖尿病	糖尿病概述	糖尿病是一组以常见的血糖水平高为特征的内分泌疾病。基本病理是胰岛素分泌不足导致代谢紊乱，患者通常表现为多饮、多食、多尿、减重。控制饮食和运动是治疗的基础，另外可以通过口服降糖药和注射胰岛素进行辅助治疗
	需求分析	糖尿病患者的主要需求是认识和适应疾病及进行治疗，同时有心理支持、家庭社会网络支持以及出院照顾的需求
	服务内容	①医疗适应方面：协助患者了解病情和治疗方案，鼓励患者接受病情和治疗，鼓励患者主动了解病情和治疗方案，向医护人员反应患者需求 ②疾病认识方面：向患者讲解疾病知识，提供康复指导；矫正患者对疾病的偏差认识 ③心理情绪支持 ④家庭社会网络支持：向家庭提供资源解决困扰，为家庭提供社会心理支持 ⑤出院照顾方面：协助患者自我照料；协助家属学习照料患者；为患者连接社会资源，制订出院计划
心脏病	心脏病概述	心脏病是所有关于心脏方面的疾病的统称，本质是一种心血管疾病，通常伴随高血压和脑卒中。主要类型包括冠状动脉疾病、急性心肌梗死、充血性心脏病、先天性心脏病、心肌病和心绞痛等
	需求分析	心脏病患者主要需求是对疾病的认识和适应疾病及进行治疗，同时有心理支持和家庭社会网络支持以及出院照顾的需求
	服务内容	社会工作者主要在医疗适应、疾病认识、心理支持、家庭社会支持网络及出院照顾几个方面提供服务，提高患者对治疗的支持和配合，缓解家庭压力
终末期肾病	终末期肾病概述	终末期肾病是肾病的晚期，成因主要是糖尿病和高血压。终末期肾病需要终身使用替代性的治疗方法，包括血液透析、腹膜透析或者肾移植手术等

(续表2-13-5)

要点		内容
终末期肾病	服务需求	认识疾病，适应疾病和治疗，情绪支援需求，家庭社会支持网络的需求，处理经济损失的需求，对独立、自由和隐私的需求，姑息治疗和临终关怀的需求
	服务内容	①评估患者心理社会状态，确认患者优势和需求 ②为患者提供疾病咨询和知识教育，鼓励患者依从治疗方案 ③危机干预：处理患者因疾病冲击产生的危机 ④临终关怀：对临终患者提供服务，支持其积极面对人生 ⑤个案管理：患者和家属对疾病和治疗信息需求多样化，通过个案管理满足需求 ⑥连接社会资源，协助患者康复 ⑦团队合作：社会工作者通过和医疗团队合作提供服务，并向其他合作团队介绍心理社会知识和服务 ⑧倡导满足患者需求的工作和制度
获得性免疫缺陷综合征（艾滋病）	艾滋病概述	艾滋病是特定的人体免疫系统受到严重抑制的疾病征候群，传播方式包括性接触、血液传播和母婴传播三种方式
	需求分析	艾滋病患者的需求主要是对疾病和治疗的认识两个方面，由于强烈的社会标签作用，患者对心理支持的需求强烈，另外也存在着家庭社会支持的需求

（二）急诊室的社会工作（表2-13-6）

表2-13-6　急诊室的社会工作

要点		内容
急诊室开展社会工作的必要性	病患和家属开展心理危机干预的需要	①患者罹患疾病情况突然，患者和家属容易产生心理危机 ②医护人员全力投入急诊工作，无法顾及患者和家属心理需要 ③严重事故致残致死的情况，需要马上处理家属的心理危机
	医疗团队及成员的需要	①急诊室环境压力大，容易出现混乱情境 ②急诊室工作节奏快，需要工作人员精力集中 ③医护人员难以照顾患者及家属的心理反应
	急诊管理的需要	①急诊室医疗资源有限，需要社会工作者协助转介其他部门或医院 ②对于一些特殊的病人，需要社会工作者提供基本生活支持和相应的社会资源
急诊社会工作服务内容	支持急诊病人及其家庭	①急诊资源有限，社会工作者可以了解病人的情况，整合社会资源协助病人 ②社会工作者需要给无法在急诊室就诊的病人家属提供情绪处理工作，协助病人理性就诊 ③帮助病人及其家属获得综合的社会资源

(续表2-13-6)

要 点		内 容
急诊社会工作服务内容	配合医护人员	①社会工作者可以通过与病人接触，详细了解病人情况，给予医疗人员病人综合资料方面的支持 ②社会工作者可以给予医护人员心理支持，克服工作困境和情绪低落
急诊社会工作服务内容	协调急诊管理	①社会工作者可以从社会工作的角度提出意见，提升急诊的服务质量，促进病人与医院的沟通和协调 ②社会工作者通过工作构建良好医患关系，获得患者支持和理解，预防急诊医疗纠纷

（三）妇女儿童医务社会工作（表2-16-7）

表2-16-7 妇女儿童医务社会工作

要 点		内 容	
妇产科医务社会工作的内容	常见问题	①疾病适应问题 ②心理调适问题 ③经济问题 ④情绪问题 ⑤家庭问题	
妇产科医务社会工作的内容	主要服务内容	①协助患者和家人了解病情和治疗计划，鼓励配合治疗 ②协助患者和家人处理情绪问题 ③转接病友和志愿者，协助患者适应病情 ④通过病友团体提供支持 ⑤协助患者申请医疗费用减免和社会资源支持	
儿童医院医务社会工作	患者群体特点和需求	患者均为儿童，较难承受疾病带来的不适和病痛，尤其是长期住院脱离原有群体及活动受限患者，可能出现心理问题和行为问题	
儿童医院医务社会工作	照顾者群体特点和需求	受文化影响，儿童常处于家庭核心地位，儿童患病对家庭来说是危机和灾难。家庭照料者会出现剧烈的情绪问题，父母双方容易出现夫妻关系问题，家庭也容易陷入经济困境等	
儿童医院医务社会工作	社会工作服务的主要服务内容	对患儿的工作	帮助其适应环境，降低对医院和治疗的恐惧感，通过游戏等方式建立良好的专业关系
儿童医院医务社会工作	社会工作服务的主要服务内容	对于照料者的工作	协助处理照料者的情绪问题，提升处理问题的能力，将家庭功能调整到正常状态，整合社会和社区资源为家庭提供服务

（四）肿瘤治疗康复和纾缓疗护社会工作（表2-13-8）

表2-13-8 肿瘤治疗康复和纾缓疗护社会工作

要 点	内 容
肿瘤疾病概述	肿瘤是机体在特定情况下致癌因子起作用，产生的局部组织增生变异的疾病。目前常用治疗方法包括切除治疗、放射治疗、化学治疗等

(续表2-13-8)

要点	内容
需求分析	病人和家属的需求包括：心理援助和支持，良好和稳定的沟通，经济和资源的整合协助，整合生命意义，心愿达成，哀伤辅导等
服务内容	①经济资源协助 ②情绪心理辅导 ③协调医患沟通 ④社会福利咨询 ⑤家属哀伤辅导
纾缓疗护	不同于临终关怀，纾缓疗护是通过对疾病的识别和积极评估、对痛楚的控制和其他症状处理，改善患者和家属的生活质量的一门临床学科。纾缓疗护需要跨学科团队合作，包括医生、护士、社会工作者、灵性工作者、志愿者、药剂师、心理咨询师和心理医生、精神病学家、物理治疗师、营养师等各方面专业人士的合作

四、人口与计划生育社会工作（表2-13-9）

表2-13-9 人口与计划生育社会工作

要点		内容
人口与计划生育社会工作概述		计划生育是我国对控制人口数量、提升人口总体素质、提高社会福利水平，对家庭成员生育意愿、计划、行为实施社会干预和提供医疗、服务和保障的综合工作
人口与计划生育社会工作的主要内容	相关问题	包括生育、避孕、怀孕、不孕不育和相关情绪问题等
	工作主要内容	婚前宣传咨询、妊娠咨询、避孕知识宣传和咨询、性病知识咨询、艾滋病教育咨询、流产咨询、不孕不育咨询、家庭和睦咨询、优生优育倡导、社区计划生育服务等

第三节 医务社会工作的主要方法

一、公共卫生领域社会工作的主要方法（表2-13-10）

表2-13-10 公共卫生领域社会工作的主要方法

要点	内容
个案工作	提供社区紧急事件干预工作，包括危机干预咨询辅导、对疾病康复中的个人和家庭提供临时性的救济、帮助新市民家庭安家和重聚、协助家庭获取基本生活和医疗物资、对特殊问题患者提供特殊协助等。通过个案工作差别化管理
小组工作	通过小组工作倡导，协助服务对象学习健康的知识，培养良好的生活习惯

(续表2-13-10)

要点	内容
社区工作	开展常发、高发、流行疾病的健康知识教育和宣传活动,通过社区工作方式在社区倡导健康理念
项目管理	通过收集和研究公共健康状况和问题,宣传健康观念,和公共卫生工作人员一起促进公共卫生领域问题的工作,与研究、开发公共卫生和社会制度的机构建立良好伙伴关系

二、医疗机构与疾病治疗领域社会工作常用方法

(一)针对慢性疾病患者与长期照料者的常用社会工作方法(表2-13-11)

表2-13-11 针对慢性疾病患者与长期照料者的常用社会工作方法

要点		内容
个案管理	社会心理评估	了解患者的全面情况,挖掘患者的需求和优势,提供相应的服务
	医疗依从性管理	患者对于依从治疗一般经历四个阶段 ①评估和界定问题:了解患者的问题,进行评估 ②制订治疗方案:根据评估结果,鼓励患者参与制订治疗方案,协助患者与医生沟通 ③促使行为改变:鼓励行为改变,激活社会支持,促进家庭成员共同承担责任 ④维持患者的依从:教授如何应对失误,跟进患者提供支持
	压力管理	①通过咨询了解压力来源 ②根据压力程度采用综合干预办法 ③患者和照料者互相评估干预 ④结合心理健康教育提供支持 ⑤通过冥想、心理疗法、锻炼和放松训练等提供放松方法
小组工作	沟通技巧训练	①通过训练提高工作人员和患者的沟通技巧 ②协助、鼓励患者和家属通过沟通技巧了解病情和治疗方案
	健康教育	通过小组方法向患者提供疾病知识、治疗方法和行为改变方面的知识,促进病患的康复

(二)急诊室常用的社会工作方法(表2-13-12)

表2-13-12 急诊室常用的社会工作方法

要点		内容
常见问题	应激障碍症	人在遭遇难以接受的事件时出现的剧烈情绪反应,包括迷茫、慌张、恐惧等
	心理—社会反应	急诊室的环境容易引发患者和家属不安和焦虑的情绪反应
	哀伤	由于损失和丧失引起的情绪反应

(续表2-13-12)

要点		内容
急诊室社会工作的主要方法	危机干预	缓解最紧急的问题
	出院准备服务	急诊是短暂性的医疗服务，社会工作者在工作中尽早为患者进行出院准备，使得患者获得连续性服务
	社会心理评估	了解患者及其家庭全面情况，配合医生做具体治疗
	咨询服务	给予患者和家属一般的咨询服务，促使患者了解急诊和医疗情况

（三）女性病患的医务社会工作方法
（四）肿瘤社会工作方法

肿瘤社会工作主要采用人本主义方法，助人者作为服务对象的同行者角色，强调"当时当地"，营造良好环境支持服务对象挖掘自己的潜能，建立积极的自我概念。

（五）纾缓护理社会工作方法

纾缓护理以改善肿瘤或者慢性病等疾病患者及其家庭的心理、生理和社会功能的适应不良为目的。具体做法包括：

（1）协助病人和家属参与到服务计划中，提出问题、做出决策、澄清需求、确定问题处理和需求满足的先后顺序等。

（2）获得信息和资源。

（3）协调家庭问题，支持表达，满足需求和提供支持。

（4）协调组织病患会议，让家庭成员表达需求、愿望和关注点。

（5）提供转介服务，让患者和家属得到社会支持和帮助。

三、精神卫生领域社会工作的主要方法
（一）需求评估与干预流程（表2-13-13）

表2-13-13　需求评估与干预流程

要点		内容
精神病患者及其家属的评估	生理信息评估	了解患者的身体状况、生活习惯和药物使用情况
	社会信息评估	①家庭：了解家庭成员之间的关系、互动情况和家庭敏感问题 ②社会支持：患者能够获得的社会支持关系、友谊、帮助和具体服务等 ③社会环境：患者是否在压力当中，是否有来自社会和他人的冲突
	心理信息	患者的症状和患者的心理力量、态度、积极反应模式等

(续表2-13-13)

要　点		内　容
精神病患者及其家属社会工作的干预流程	新入院	社会工作者了解患者情况，对其进行社会心理评估；观察了解患者家庭环境
	住院中	社会工作者向患者提供个案、小组工作和沙龙活动服务，向家属提供小组工作、个案会谈和心理辅导服务
	出院前	制订出院计划和出院评估，向家属提供出院后照顾方式指导
	出院后	社会工作者对患者进行跟踪回访服务，转介社区康复服务

（二）社会工作干预方法（表 2-13-14）

表 2-13-14　社会工作干预方法

要　点	内　容
认知行为疗法	认知行为疗法能够有效处理精神卫生个案的社会功能问题，主要步骤如下： ①详细讲述问题行为：问题行为的改变是核心 ②收集数据：患者学会自己评估和监督自己的行为，为自己的改变设置目标 ③设定目标：社会工作者和患者共同设置改变的目标 ④行为介入：帮助患者掌握达到目标的技能 ⑤家庭作业：让患者巩固在治疗中学习到的技能 ⑥行为改变的强化：促使患者成为自己改变行为方式的强化者 ⑦行为改变的认同：患者在行为改变后赞许自己，将行为改变归功于自己 ⑧防止故态复萌
小组工作	将患者和家属组成小组，通过社会工作者的引导和教育，使得小组成员之间能够互相分享、获得支持和回馈

四、人口与计划生育社会工作的常用方法

（1）使用优势视角进行评估，促使社会工作者和其他专业人士进行合作交流。

（2）社会工作者是服务的传递者、资源的动员者、政策的倡导者、服务对象权益的维护者。

（3）社会工作依托社区各方面资源参与其中，通过综合运用不同方法满足服务对象不同需求。

第十四章 企业社会工作

本章知识体系

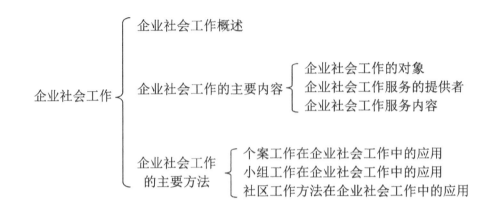

第一节 企业社会工作概述

企业社会工作概述（表 2-14-1）

表 2-14-1 企业社会工作概述

要点	内容
企业社会工作的概念	企业社会工作是在企业内外主要面向员工，运用社会工作的专业理念与方法，提供生产适应、环境协调、福利保障、职业生涯发展的专业工作，以达到员工职业、福利发展和提升企业效率的目的
企业社会工作的特点	①企业社会工作的核心是争取职工的职业福利 ②监督企业落实涉及职工权益的法律、法规，维护职工福利权益 ③企业社会工作的主要任务是因地制宜设计和开展服务项目 ④企业社会工作的主要策略是兼顾公平性、公益性和多方共赢的统一
企业社会工作的功能	①向困难职工提供物资 ②为需要支持的职工提供心理疏导和支持 ③协调企业内外关系，增强企业的凝聚力

(续表2-14-1)

要点	内容
企业社会工作的功能	④维护职工合法权益 ⑤保障社会和谐稳定，预防劳资问题产生 ⑥促进企业员工能力发展
目前我国对企业社会工作的需求	①由于职工人数增多，企业社会工作需求强烈 ②企业中资本因素权利强、劳动力权利弱的情况导致维护社会公平和公正任务艰巨 ③职工的职业压力大，催生企业社会工作 ④下岗和失业者群体的持续出现，需要社会工作处理帮贫解困问题 ⑤年轻的新型劳动者群体需要人性化的服务

第二节　企业社会工作的主要内容

一、企业社会工作的对象

（1）职工个体及职工家属。
（2）职工群体。
（3）企业整体或企业内的管理部门。
（4）一个行业或一个社区。
（5）整体社会。

二、企业社会工作服务的提供者

（一）企业社会工作者的类型（表2-14-2）

表2-14-2　企业社会工作者的类型

要点	内容
企业内的社会工作者	企业内的企业社会工作者有三种不同的组织载体：在独立设置的社会工作部门；设在工会内的社会工作部门；在人力资源部门工作的专职社会工作者 企业内的社会工作者属于企业内部员工，由企业支付工资和福利待遇，接受企业管理者领导。最大优点在于工作关系的内部性，容易了解企业生态，开展工作容易得到企业内部各方面的支持。内部性也容易导致企业社会工作者受到领导压力而完成与专业价值观不相一致的工作指令
社会组织中的企业社会工作者	（1）社会组织内的企业社会工作者有两种不同的组织形式： ①向企业单位提供社会工作服务的社会工作事务所 ②向企业提出社会工作服务方向和要求，并且提供项目费用和项目监督的协会或基金会单位等

(续表2-14-2)

要 点	内 容
社会组织中的企业社会工作者	(2) 社会组织中的企业社会工作者开展工作的方式大致包括两种： ①在企业外围为员工提供服务，此类情况下大多企业对社会工作者有所戒备 ②服务提供方和企业达成共识，进驻企业为职工及其家属提供服务
政府部门的企业社会工作者	政府部门聘请社会工作者从事企业社会工作服务，利用政府部门的优势倡导和监督企业落实社会责任
工会等人民团体的企业社会工作者	工会、共青团、残联等人民团体以维护职工权益为目标为企业职工提供社会工作服务
社区服务中心和社会工作站中的企业社会工作者	社区服务中心和社会工作站是我国目前广泛存在的社会工作服务网络，这些机构中的社会工作者正尝试利用资源优势为服务范围内的企业单位提供社会工作服务

（二）企业社会工作者的角色（表2-14-3）

表2-14-3 企业社会工作者的角色

要 点	内 容
职业咨询辅导者	向职工提供职业辅导和生活问题的咨询辅导
促进者	协助职工处理问题，提高职工应对职业和生活的能力
联结者	调动起职工身边所有资源，包括企业内部和外部的资源
调解者	在职工和企业相关部门或人员发生冲突时，企业社会工作者应该站在公平正义的立场化解双方矛盾
教育者	向职工提供职业和生活相关的培训和教育，增强职工应对问题的能力
协调者	处理职工在工作中遇到的危机和冲突，与企业进行沟通协调
倡导者	倡导企业承担应有的社会责任，倡导职工积极主动地维护自身权益

三、企业社会工作服务内容（表2-14-4）

表2-14-4 企业社会工作服务内容

要 点	内 容
职工福利服务	企业社会工作者介入职工福利，目的在于通过职工福利来弥补职工工资的不足，改善职工生活环境，提升员工满足度，加强企业竞争力
职工职业生涯规划	协助职工规划职业生涯，协助职工实现自我价值，促进职工能力发展
职工情绪管理	通过识别职工的不良情绪，提供情绪疏导和安抚，促进劳动关系和谐

(续表2-14-4)

要点	内容
职工素质提升	通过意识提升、引导参与、员工激励等工作提高职工素质
职业安全与健康	减少职场影响健康和安全的因素；为因公受伤职工提供援助；协助因公受伤职工争取补偿；对因公受伤或患病职工提供社区康复服务
职工休闲生活与服务	带领职工合理利用休闲时间，发展多方面的兴趣
职工工作与生活平衡的服务	为职工创造条件和环境，令职工满足工作要求的同时能够享受生活
协调劳动关系	协助解决职工之间的冲突，促使企业和职工建立良好沟通机制，实现企业和职工双赢
企业文化和职工文化建设	传播公正和谐的文化理念，尊重、合作的工作态度和团结、互助的组织氛围，使得企业和员工团结一致创造更大的经济和社会效益
困难群体关怀	向企业中的弱势群体提供社会支持和社会保护服务
企业履行社会责任	协助企业保护职工合法权益，保障职工工作环境的安全

第三节 企业社会工作的主要方法

一、个案工作在企业社会工作中的应用（表2-14-5）

表2-14-5 个案工作在企业社会工作中的应用

要点		内容
企业社会工作中的个案工作分类	一般信息咨询性问题	协助职工了解工作流程、运用资源、获得劳动保障等
	人际交往和感情问题	朋友圈窄，难以融入企业环境；交友和恋爱方面问题
企业社会工作中的个案工作分类	家庭问题	婚姻关系失调、代际冲突等
	适应问题	对新环境适应不良、与同事建立关系较难等
	情绪问题	协助职工处理因工作和生活而引起的各种情绪问题
	资源提供和心理支持问题	下岗或失业职工需要心理支持和相关政策的帮扶，工伤事故的补偿和心理危机干预等
	法律援助和权益保护问题	协助处理工伤事故赔付，劳动保护和劳动保险问题，工资克扣和拖延问题
企业社会工作个案来源		企业医务人员的转介、管理部门人员发现并转介、职工家属或亲友介绍、社会工作者发现的职工和自动寻找帮助的职工

二、小组工作在企业社会工作中的应用（表2-14-6）

表2-14-6 小组工作在企业社会工作中的应用

要　点		内　容
企业社会工作中小组工作对象和内容	职　工	协助职工改善工作环境，增加生活乐趣，解决心理困扰，提升社交技巧等
	管理人员	提高管理和领导能力，了解员工心理动力，处理劳资关系等
企业社会工作中小组的类型	兴趣、娱乐小组	增加职工生活乐趣，促进职工融入企业生活，促进职工和社会工作者建立关系
	成长小组	了解自己的问题和行为，察觉自己的问题和潜能，发挥自身优势
	支持小组	协助成员应对充满压力的生活事件，恢复原有的应对能力
	教育小组	组织成员学习新的知识和技巧，处理问题和提升能力
	治疗小组	协助成员改变问题行为、治疗心理和生理创伤

三、社区工作方法在企业社会工作中的应用

企业是一个特殊的社区，是一个有共同利益和目标的社会共同体。社区社会工作可以通过整合企业内的资源，协调企业内部关系，动员职工参与各种社区活动，协助企业建立有实际意义的规章制度和工作守则，达到加强职工凝聚力、连接企业内外资源为职工及其家属提供支持的作用。

参 考 文 献

[1] 全国社会工作者职业水平考试教材编写组. 社会工作实务（初级）[M]. 北京：中国社会出版社，2015.

[2] 全国社会工作者职业水平考试教材编写组. 社会工作综合能力（初级）[M]. 北京：中国社会出版社，2015.

[3] 朱眉华，文军. 社会工作实务手册 [M]. 北京：社会科学文献出版社，2006.

[4] ［英］Barbra Teater. 社会工作理论与方法 [M]. 余潇，刘艳霞，黄玺，译. 上海：华东理工大学出版社，2013.

[5] 香港社会服务发展研究中心. 社区社会工作实务手册 [M]. 广州：中山大学出版社，2013.